KB050995

20대에
꼭 알아야 할
5가지 **공부**

20대에 꼭 알아야 할 5가지 공부

초 판 1쇄 2021년 09월 15일

지은이 최준혁
펴낸이 류종렬

펴낸곳 미다스북스
총괄실장 명상완
책임편집 이다경
책임진행 김가영, 신은서, 임종익

등록 2001년 3월 21일 제2001-000040호
주소 서울시 마포구 양화로 133 서교타워 711호
전화 02) 322-7802~3
팩스 02) 6007-1845
블로그 http://blog.naver.com/midasbooks
전자주소 midasbooks@hanmail.net
페이스북 https://www.facebook.com/midasbooks425

ISBN 978-89-6637-961-3 03190

값 15,000원

미다스북스는 다음세대에게 필요한 지혜와 교양을 생각합니다.

MUST HAVE FIVE TOOLS

20대에 꼭 알아야 할 5가지 공부

Dreams, Self-improvement, Stocks, Real estate, Exercise

최준혁 지음

미다스북스

나는 절박함 속에도 희망을 찾고 싶었다!

'절박함 속에서 혼자 시련을 겪어야 했던 어린 나.'

누구나 희망의 꿈을 갖고 화려한 인생을 살고 싶어 하지만, 대부분 그런 인생을 살지 못한다. 지금 당신은 어느 길에 놓여 있는가. 꽃길에 놓여 있는가? 가시밭길에 놓여 있는가? 내가 가는 길은 고통스럽고 상처투성이인 외로운 길이다. 남부러울 것 없는 부유한 환경에서 자라던 학창 시절, 아버지의 주유소 사업 부도로 인해 집안이 가난해졌다. 2남 1녀 중 장남인 나는 가난으로 인해서 힘겨운 삶을 보내기 시작했다. 그놈의 돈이 대체 뭐라고 나를 그토록 한없이 작게 만들었는지, 집안을 아수라장으로 만들었는지. 나는 가난이 너무 무서웠다. 삶이 너무 지옥 같고 벗어나고 싶었다.

나는 절망의 삶이 아닌 희망의 삶을 꿈꿨다. 부자가 되길 학생 때부터 간절히 빌었다. 간절히 빌면 이루어진다고 하는데…. 절박함 속에 하루하루 도망치고 싶다는 부정적인 생각을 가져서인지 내게 달라진 건 없었다.

나는 종교는 없지만, 신을 원망도 했었다. 왜 나에게 이런 시련과 고통만 주시는지 원망하며 밤마다 혼자 마음속으로 빌었다. 너무 힘들고 막막한 이 현실 속에서 어떻게 살아가야 하는지 정답을 알려 달라고. 하지만 내가 할 수 있는 것이 없다는 무기력함은 나 자신을 더 어둡고 비참하게 만들었다.

과거에 나는 빛을 보지 못하고 신용불량자 문턱까지 가게 된 적이 있었다. 과거에 나는 절망과 좌절, 두려움, 공포 등 포기하고 싶다는 생각이 들 때마다 아버지, 어머니, 동생, 친구들한테 지방에서 경기도로 상경해 돈 많이 벌어 오겠다고 큰소리쳤다. 결국 남은 건 쌓여만 가는 빚뿐이었다. 힘든 세상을 벗어나기 위해서 지푸라기라도 잡는 심정으로 허황된 꿈만 좇다 보니 나는 나락으로 떨어지고 있었다. 더는 바닥으로 내려갈 수 없을 만큼. 차마 나는 이 사실을 주변에 알릴 수 없어 나 혼자 비밀로 간직하며 견뎌 왔다.

나는 희망을 버리지 않고 용기를 내 세상과 맞서 싸우기로 다짐했다.

희망을 버리지 않고 실패를 극복하여 깨달은 지혜가 있다. 인간이 살아가는 데에는 정답이 없듯이 내가 깨달은 것도 정답이 아닐 수도 있지만, 확실한 건 힘든 상황을 이겨내며 성장하고 있다는 것이다. 그리고 이런 경험을 통해 의문이 들었던 것이 있다. '왜 나에게 이런 시련들이 찾아올까?'라는 생각이 가득했다. 풀리지 않는 미스터리 같은 현상들로 인한 절망의 구덩이에 갇혀 있던 나는 시련과 고통을 극복했다. 그리고 그 과정을 통해 악순환되는 문제의 해결책을 찾아 내가 세상에서 어떻게 살아나가야 하는지 처세술을 비로소 알게 되었다.

내가 이 책 『20대에 알아야 할 5가지 공부』를 집필한 이유는 많은 사람들에게 희망을 주고 싶어서다. MZ세대와 기성세대 사이에는 넘을 수 없는 벽이 있다. 세대 간 위로와 공감이 오가지 못하고 있다. '어른들'과의 소통이 끊어지니 '청년들' 중 많은 이들이 인생 역전하고 싶은 마음을 투기와 도박 등 불법 행위로 풀기도 한다. 세대가 교체될 때마다 빈부 격차가 벌어진다. 젊은 사람들은 박탈감과 절망감을 극복하고 이 절박한 세상 속에서 어떻게 살아가야 할지를 공부해야 한다.

나는 이 책에서 언급하는 5가지 공부를 통해 점차 나를 돌아보게 되었고, 어떻게 살아가야 할지를 알게 되었다. 단순히 돈을 많이 버는 게 아닌, 인생의 가치를 알아가는 과정으로서의 삶을 깨달은 것이다. 뜻하지 않게 찾아오는 시련을 극복하고 나 스스로가 어떤 사람인지 알아야 지금 보다 더 나은 삶을 살아갈 수 있다. 나는 아낌없이 베푸는 삶을 추구하며 지난날의 나 자신처럼 삶이 막막한 사람들에게 조금이나마 힘이 되어 주고 싶다.

　마지막으로, 아무것도 가진 것이 없는 내가 작가의 길을 걸어가게 도와주신 김도사님, 부동산의 기초를 알려주신 소장님, 멘토님, 피디님, 스승님, 그리고 내가 걷는 길을 항상 응원해주는 친구들, 직장 상사분들, 무엇보다 나를 낳아주신 부모님에게 감사하다는 말을 다시금 전한다.

2021년 9월, 최준혁

목 차

2장 자기계발, 꾸준히 하지 않으면 절대 성공할 수 없다

5장 운동, 내가 운동을 통해 얻은 인생의 선물들

MUST HAVE FIVE TOOLS

MUST HAVE FIVE TOOLS

Dreams, Self-improvement, Stocks, Real estate, Exercise

20대에
꼭 알아야 할
5가지 **공부**

1장

꿈,
나는
목숨 걸고
성공하고
싶다

01

나는
목숨 걸고
성공하고 싶다

나는 희망의 빛을 다시 보고 싶었다. 어릴 때 긍정적이고 밝게 자랐던 시절이 있었다. 내가 태어났을 때 우리 집은 남들처럼 잘살고 있었다. 어머니는 평범한 가정주부셨고 아버지는 회사원이셨다. 평범한 가정이었다. 어머니는 어디를 가든 늘 사진을 찍어 앨범을 만드는 취미가 있으셨다. 지금 그 앨범을 보면 영아기 때부터 아동기까지 내가 커가는 모습들이 전부 다 담겨 있다.

어릴 때 추억들이 잘 기억이 나진 않지만, 나의 어린 모습을 기억할 수 있는 이유가 있다. 어머니께서 어릴 적부터 성장 과정을 사진으로 담아 모두 앨범으로 남겨주신 것 때문이다. 앨범을 보면 성장 과정이 정리가 잘되어 있다. 보면서도 신기하고 새롭다. 나는 아낌없는 사랑을 받았다고 생각한다. 사진에서 다시 한번 나에 대한 소중함과 어머니의 따뜻한 애정이 많이 느껴졌다. 시간이 흐르면 우리의 기억은 점점 희미해지겠지만 추억이라는 되돌릴 수 없는 시간을 사진으로나마 간접 경험을 하며 회상 할 수 있다.

기억이 희미하지만 내가 살아온 발자취를 담은 사진만 봐도 내가 어떤 감정이었는지 느껴진다. 나에게는 앨범 사진이 있어 어린 시절 추억을 볼 수 있다. 어머니가 사진첩을 만드셨던 것에 영향을 받아서 나도 사진 찍는 것을 좋아한다. 사진은 자신이 살아온 인생의 경험을 담을 수 있고 일기장으로도 느낄 수 없는 그때만의 감정들을 알 수 있다. 과거에 나는 어떤 사람이었을까? 돌아갈 수 없는 이 시간을 본인 사진, 가족사진, 친구들과의 우정 사진 등 사진으로 남기자. 우리들의 좋았던 시간, 아팠던 시간이 지나고 나면 내가 얼마나 성장을 했는지 알 수 있는 값진 추억이 된다. 나는 나중에 자식이 생긴다면 꼭 해주고 싶은 선물이 있다. 인생의 과정이 담긴 사진을 찍어 앨범을 만들어주는 것이다.

내가 행복했던 추억만 기억하고 싶지만 그것이 호락호락하지는 않았다. 지금까지 추억이 담겼던 앨범의 끝은 초등학교 입학이었다. 나는 충북 청주에서 2남 1녀 중 첫째로 태어난 장남이다. 초등학교 입학 후 나랑 여덟 살 차이 여동생이 태어나 다자녀 식구가 되었다. 그때 여동생은 아기라서 분유도 타주고 했던 기억이 난다. 동생들은 나와 다르게 환경이 좋지 않아서 여행 다닐 시간이나 사진을 찍을 여유가 별로 없었다. 남동생은 장난꾸러기였다. 너무 말썽을 부려 무엇이든 손만 대면 고장이 나는 정도였다. 늦둥이 동생들이 있어 외롭게 성장하지는 않았다. 어릴 때부터 장남으로 동생들을 돌보면서 성숙하고 책임감이 있었다.

내가 유치원을 다닐 때 아버지 회사 출퇴근 거리 문제로 인하여 충북 청주 외곽 쪽에 있는 내수읍으로 이사했다. 여기는 작은 시골이다. 공기도 좋고 조용하고 평화로운 동네였다. 나는 여기서 유치원과 초등학교, 중학교 시절을 보냈다. 하지만 나는 시간을 돌릴 수가 있다고 한다면 돌아가고 싶지는 않다. 나에게는 좋았던 기억보다 안 좋았던 기억이 더 많기 때문이다.

초등학생 때 아버지는 큰아버지와 같이 주유소 사업을 시작했다.
초반에는 잘되다 너무 일을 크게 벌이는 바람에 부도가 났다고 한다. 한순간의 실패로 인하여 우리 집은 희망이 보이지 않는 환경에 처하게 되었다. 빚은 늘어나고 이자는 계속 내야 하는 상황까지 찾아와 대처할 수 없을 지경이었다. 청주에 전세였던 본집은 경매로 넘어갔다. 아버지가 직장 생활을 하며 열심히 모아둔 1억 원 이상의 현금 자산과 어머니가 모아둔 종잣돈마저 끌어모아 모두 청산을 했으나 빚은 감당할 수 없을 정도로 늘어나 결국 우리 집은 파산하게 되었다.

그 이후 우리 가족의 삶은 180도가 바뀌어버렸다. 이사를 하게 되었는데, 다섯 식구가 15평도 안 되는 비좁은 공간에서 월세로 지내야 했다. 가정을 포기하지 않고 아버지와 전업주부였던 어머니는 자식들을 먹여 살리기 위해 맞벌이를 했다.

하루살이처럼 가난 속에서 우리 식구를 책임지셨다. 세 자녀라 지출 비용이 많이 들었고 삶은 나아질 기미가 보이지 않고 점점 바닥으로 내려가고 있었다.

어머니는 절박한 상황으로 우울증까지 생기게 되었다. 시간이 지날수록 우울증 증상은 더 심해져 약도 처방받아 복용했다. 살기 싫다, 죽지 못해 산다는 생각까지 든다고 하셨다. 어머니는 자식을 낳은 책임감으로 힘들게 견뎌내고 있었다.

상황이 안 좋아지자 아버지는 자주 술을 드셨다. 술 먹고 들어오면 어머니랑 매일 돈 문제로 크게 다투기도 했다. 이런 상황이 오면 나는 어린 이집 다니는 동생들을 데리고 작은 방에서 상황이 끝날 때까지 숨죽이며 다음 날이 오길 기다렸다.

나는 학교로 도망가고 싶었다. 시간이 흘러도 부모님이 다투는 빈도수는 줄지 않고, 강도는 점점 심해져 경찰관이나 옆집에 도움을 청해야 하나 될 정도였다. 괜히 더 문제만 커지면 어쩌나 불안만 가득했다. 나는 종교는 없지만, 신을 원망했다. 왜 나에게 이런 시련과 고통을 주시는지 밤마다 간절하게 빌었다. 너무 힘들고 막막한 이 현실 속에서 어떻게 살아가야 하는지 정답을 알려 달라고 했다. 하지만 내가 할 수 있는 것이 없다는 무기력함은 나 자신을 어둡고 비참하게 느끼게 만들었다.

'우리 집에 찾아온 불행이 끝났으면 좋겠다.' 이 소망은 한이 맺힐 정도로 가득했다. 비극 같은 상황이 쉽게 끝나지 않았다. 하지만 지금 생각해 보면 우리를 힘든 상황 속에서도 포기하지 않고 최선을 다해서 키워주신 부모님에게 감사하다.

공부랑은 거리가 멀었지만 유일하게 학교에 가는 게 좋았다. 아무리 힘든 상황이라도 친구들을 만나면 잠시나마 즐거웠다. 다시 진짜 아이가 되는 것만 같았다. 나는 마음의 상처가 많은 아이였지만, 학교에서만큼은 내가 처한 상황을 친구들에게 드러내기 싫었다. 학교에서만큼은 걱정하지 않고 편하게 지내고 싶었다. 학교 수업을 마치고 친구 집에 자주 갔다. 친구 집은 놀다 보면 걱정이 사라지는 나의 안식처 같은 곳이었다. 놀다가 동생들 어린이집 하원 시간이 되면 다시 집에 들어가야 했다. 집에 가는 길은 행복이랑 거리가 멀었다.

부모님이 부부싸움을 할까 봐 걱정에 시달렸기 때문이다. '내가 중학생이 되면 그래도 조금은 나아지겠지.'라는 생각을 해봤다. 초등학생 때보다 분명 괜찮아질 거라는 희망을 가졌지만, 내 생각과는 정반대 상황으로 흘러갔다.

중학생 때 사춘기가 온 적이 있었다. 나는 친구들과 비교해 가난하게 보이는 게 싫어 집안 환경이 어려운데도 어머니한테 옷과 신발 등 비싼 브랜드들을 사달라고 졸랐던 적이 있다. 어머니는 없는 환경에서도 사주셨다. 집안이 망한 후 어머니는 자식들 키우느라 자신에게 투자한 적이 없지만, 자식들이 원하는 것은 돈이 없어도 마련해서 사주실 정도로 자식들을 많이 챙기셨다. 어릴 때는 몰랐지만, 성숙해지면서 많이 반성하게 되었다.

우리 집은 사업 실패로 풍비박산이 되었지만 성인이 되면 가난의 뿌리를 뽑아 '절대 돈에 잡아 먹히지 않겠다.'라는 다짐을 했다.

매일 반복되는 삶에서 새로운 방향을 찾기 위해 끊임없이 새로운 도전을 하며 성공을 원했다. 나의 아픈 과거와 부정적인 생각은 잊고 미래의 나를 위해 꿈과 성공의 목표를 향해 나아갔다. 비록 주유소 사업 실패로 가난을 겪고 있지만, 그 속에서도 극복하기 위해 열심히 사시는 부모님의 영향을 받아 더욱 열심히 살기 위해 노력을 했다. 나 말고도 각박한 세상에서 벗어나지 못하고 악순환 속에 살아가는 사람은 너무나 많다. 악순환의 고리를 이제는 끊고 싶었다. 나는 성공하고 싶은 마음이 컸기 때문에 바쁘게 살아갈 수밖에 없었다. 과거의 힘든 환경이 없었더라면, 절망 속에 머물러 있었을 것이다. 비극 같은 상황 속에서도 더는 힘들게 살지는 않을 것이라고 다짐했다.

02

취업은 힘들고
직장은
불안하다

10대 시절을 떠올리면 중학교 때까지는 꿈과 목표도 없고 방황을 많이 했던 나의 모습이 생각난다. 단지 돈을 벌고 싶다는 계획만 가지고 있었다. 공부에는 흥미가 없던 탓에 나는 취업을 하여 돈을 빨리 벌어 '우리 집안을 다시 일으켜주고 싶다!'라는 마음밖에 없었다. 나의 꿈은 하루라도 빨리 취업해서 돈을 벌어야 한다는 것밖에 없었다. 왜일까? 내가 보고 자라왔던 환경 탓에 그 길 말고는 다른 방법을 모르기 때문이다.

유일하게 나는 어릴 적에 레고블록을 조립할 때 가장 흥미를 느꼈다. 중학교 때 과학 조립키트 반에 들어가 일주일만 하고 대회를 나간 경험이 있다. 나는 대회 참가 시 필요한 준비물이 고가라서 제일 저렴한 부품인, 5만 원도 안 되는 키트로 준비했다. 대회 나온 참가자들은 다 고급 키트들이었다. 거기서 나는 그 고급 키트들을 보고 좌절을 했다. 나의 키트와 다른 참가자들의 키트들이 너무 비교되었기 때문이다. 참가자들은 고급 키트 재료와 숙련된 시간이 있어 수준급이었다. 그에 비해 나는 연습기간도 없을뿐더러 재료도 초급 수준이었다. 있는 재료로 포기하지 않고 만들었다.

내가 만든 로봇은 입상을 못 하고 떨어졌다. 하지만 짧은 기간에 대회도 나갈 수 있어 좋은 경험이었다. 이 경험을 통해 내가 좋아하는 관심사를 알 수가 있었다.

나는 공부와는 담을 쌓았다. 그래서 인문계와는 거리가 멀었다. 공부와 거리가 먼 나는 기술에 관련된 학교를 검색하다 충북공업고등학교를 알게 되었다. 이 학교에 들어가기 전에 걱정이 되는 부분이 있었다. 공고에 대해 보통 사람들은 안 좋은 편견이 있기 때문이다. 하지만 나는 사람들의 좋지 않은 편견은 신경 쓰지 않았다. 우리 집안을 다시 일으켜 주고 싶은 마음이 제일 컸다. 나는 취업을 하겠다는 마음을 먹고 이 학교에 입학하기로 했다.

2012년 3월이 되었다. 첫 고등학교 입학이라 많이 떨리고 긴장되는 순간이었다. 기다리던 입학식이 시작되었고 처음 분위기는 어색하고 정적이 흘렀다. 나는 굳이 신경을 쓰지 않았다. 취업이라는 목적이 있었기 때문에 학교생활 잘해야겠다는 생각만 했다.

공고에 오는 유형들은 다양했다. 공부에는 큰 관심이 없어 오는 유형, 기술을 배워 취업하기 위해 오는 유형 등이 있었다. 나는 하루빨리 취업을 해야만 했다. 그때 당시 동생들은 아직 초등학생이고 내가 집안에 도움을 주고 싶었다.

아쉬운 게 있다면 집에서 학교까지 통학 거리가 1시간 이상 걸린다는 사실이었다. 어쩔 수 없이 통근버스를 이용하게 됐다. 학교에 가기 위해 매일 아침 6시쯤에 일어나 준비해야 지각을 면할 수 있었다.

덕분에 부지런해질 수밖에 없었다. 이 행동들이 나중에는 큰 도움이 되었다. 회사 출퇴근을 해도 고교 시절 통학 거리보다 멀었던 적은 없었다.

고등학교 때, 학교에서 배우는 기술들은 용접과, CAD, PLC 프로그램, MCT, 밀링머신, CNC 선반 등 각종 기술을 배웠다. 나의 메인은 CNC 선반이었다. 이 기술은 직접 프로그램을 입력하여 공작물을 가공하여 만드는 기술이다. 또는 수동 장비를 손으로 직접 작동하여 작업하기도 한다. 이런 실습을 하며 속으로 많은 생각을 했다. '진짜 내 길은 기술을 배워서 기술자가 되는 것일까?' 나의 진로에 대해서 수십 번 고민했다. 문득 우리 집이 가난을 탈출하기 위해서는 내가 기술자가 되는 길밖에 없다는 생각이 떠올랐다. 그럼 돈도 많이 벌고, 우리 집을 행복하게 만들 수 있을 것이라는 확신이 들었다. 그래서 자격증을 따서 선취업하기로 했다.

고등학교 생활을 하면서 나는 성격이 많이 바뀌었다. 원래는 내성적인 성격이었다. 하지만 취업 과정은 면접을 거쳐야만 했다. 자기소개서 작성을 잘해도 보통 2차 면접에서 떨어지는 경우도 많다. 난 면접 준비를 하기 위해 내성적인 성격을 바꾸고자 노력했다. 가장 힘이 되었던 것은 성격을 바꾸기 위해 2학년, 3학년 실장을 맡으면서 통솔력과 자신감을 많이 얻은 것이다. 점차 내향적인 성격이 외향적으로 변해가고 있었다. '자리가 사람을 만든다'는 생각이 들었다. 이런 경험들은 나중에 사회생활과 면접 준비에 많은 도움이 되었다.

3학년이 되면서 취업에 대한 압박감이 왔다. 보통 3가지의 길로 나뉜다.

첫 번째, 취업을 목적으로 두는 사람
두 번째, 대학 진학을 목적으로 하는 사람
세 번째, 기술직 공무원을 준비하는 사람

나는 그중에 취업을 목적으로 두는 사람이었다. 대학교에 진학하기에는 집안 형편이 어려워 생각도 안 했다.

대학교를 진학하는 사람 중에서 자기가 원하는 과를 선택해서 가는 사람들은 극소수인 것 같다. 단지 자격증 취득 목적이나 스펙 쌓고 더 좋은 곳에 취업을 하려는 의도를 가진 사람들이 더 많은 듯하다.

나는 오로지 취업을 목표로 했다. 가난을 벗어나기 위해서 돈 많이 주는 대기업 입사를 목표로 정했다. 그러던 중 대기업 삼성그룹과 한화그룹이 신입사원 채용 공고를 낸 것을 보게 되었다. 지원을 해봤지만, 서류 전형에서 탈락했다.

첫 탈락의 쓴맛은 '나는 왜 안 되는 걸까? 내가 무능한 탓인가?'라는 생각을 들게 했다. 처음에는 낙심하였으나 준비되어 있지 않기에 결과에 큰 아쉬움은 없었다. 나는 준비를 통해 기회를 만들기로 했다. 현재 학업에 최선을 다하고 자격증을 취득했다. 졸업하기 전에 나에게 취업의 기회가 찾아왔다.

㈜와이지원이란 회사가 학교 공고에 올라왔다. 이 회사는 절삭공구 쪽에서는 나름의 인지도가 있었다. 학교에서 지원할 수 있는 인원은 한정되어 있었지만 평소 학교생활을 성실하게 해왔기에 학교 추천서를 받아 지원 서류와 자기소개서를 작성할 수 있었다.

결과 소식이 오는 데는 일주일 정도 걸렸다. 나는 간절하게 기다렸다.

한편으로는 이제 졸업이 다가온다는 압박감도 있었다. 여러 가지 생각이 들었다. 이 회사는 출퇴근할 수 없을 정도로 거리가 멀기 때문에 기숙사 생활을 해야 한다는 문제점이 있었다. 그 당시에 나는 너무 간절했다. 기회가 왔으니 거리는 상관없다. 합격만 할 수 있다면 최선을 다할 수 있다는 마음뿐이었다.

장남으로서 우리 집의 가난은 내가 극복해야만 한다는 책임감이 있었다.

서류 전형에 합격한 뒤 마지막 면접 과정이 있었다. 면접 준비 과정에서는 나의 자기소개서를 참고하여 예상 질문을 만들었다. 예상 질문들을 거울을 보면서 혼자 되풀이하며 연습을 했다. 실제로 이 연습들이 큰 도움이 되었던 건 내가 말할 때 어떤 모습인지 알 수 있었다는 것이다.

회사는 멀리 떨어져 있어 면접 당일 1시간 일찍 도착하여 준비했다. 처음 보는 면접이다 보니 긴장이 되는 분위기였다. 미리 준비한 면접 양식을 계속 보면서 내 차례가 다가올 때쯤 나 자신에게 최면을 걸었다.

'나는 꼭 면접에 합격하고 말겠다!'

그 후 면접장에 들어갔다. 5:3 비율이었다. 3명의 면접관이 있고 면접자 5명이 들어갔다. 생각보다 긴장이 많이 되었지만 자신감을 잃지 않고 잘 할 수 있다고 되새겼다. 내 차례가 왔다. 형식적으로 오가는 면접 질문들과 다르게 나에게는 특이한 질문이 던져졌다.

"준혁 군은 특이한 이력이 있네요? 학창 시절 보디빌딩 축제도 나가셨다는 게 적혀 있는데 한번 포징을 보고 싶은데 해주실 수 있나요?"

생각지도 못한 질문에 당황해서 다시 물었다.

"진짜 포즈를 취하면 되나요?"

나는 학생이니 좋게 봐줄 거라는 생각에 자신감 있게 포징을 보여줬다. 사전에 준비했던 계획에는 포함되지 않았다. 하지만 그 면접장 분위기는 나로 인해서 답답하고 숨 막히는 분위기에서 편한 분위기로 바뀌었다. 이후 나는 긴장이 풀려 내가 준비한 만큼 최선을 다해서 임했다. 면접을 다 마친 후 나는 크게 안도의 한숨을 쉬었다. 면접의 결과는 최종 합격이었다. 많은 사람들이 취업 준비 중 면접이라는 난관에 부딪힌다.

그래서 내가 느꼈던 것들을 정리해봤다.

『손자병법』에 나오는 말로 "적을 알고 나를 알면 백 번 싸워도 위태롭지 않다"는 뜻이 있다. 나는 지원자와 면접관 관계를 비유해서 본다. 내가 그 회사와 나를 잘 알고 면접을 본다면 합격할 수 있다는 자신감으로 임했다. 그러기 위해 철저하게 분석하고 준비를 해야 했다.

면접 준비하면서 내가 해온 성공을 높이는 행동들을 적어보았다.

첫째, 대기실에서도 다양한 면접관에게 내가 보이고 있다는 사실을 인지해야 한다. 경솔한 행동이 혹시라도 면접 결과에 영향을 미칠 수 있기 때문이다.

둘째, 자신이 경험한 구체적인 사례를 가지고 디테일하게 접근한 다음, 거기에서 얻은 통찰이나 태도를 자연스레 어필해야 한다.

셋째, "면접자의 무의식적인 버릇이 평가에 부정적인 영향을 미치는가?"라는 질문에 기업 인사 담당자의 86%가 그렇다고 답했다. 그래서 자기도 모르게 나오는 습관들, 다리 꼬기나 한숨 쉬기, 시선 피하기 등이 면접에 감점 요소가 될 수 있으니 주의하자.

넷째, 예외 상황으로 면접에서 튀어버렸지만, 공손하고 단정한 태도로 신뢰감을 주어 오히려 좋은 효과로 돌아왔다.

다섯째, 면접관들에게 짧고 임팩트 있게 나만의 특징들을 진정성 있게 어필했다.

현재 사회는 경제 악화로 졸업 후에도 취업이 쉽지 않다. 회사 측에서 인원을 감축하거나 채용을 안 한다. 그저 막막한 현실에 눈물을 삼키며 '사람인', '잡코리아' 등에서 일자리를 알아보며 쓰린 속을 술로 달랜다. 그 속에 감춰진 사실이 있다. 원하는 꿈과 목표를 위해 달려왔지만 내 맘 같지 않았던 현실, 대학교를 졸업 후 전공을 살려 취업을 나가는 사람들이 많지 않다. '내가 원하는 꿈과 목표에 대해 생각을 해본 적이 있나?' 나도 한때는 취준생이었다. 백수 생활을 벗어나기 위해 피나는 노력 끝에 취업에 성공했다. 절박함이 나를 살렸다. 편안한 일과 돈 많이 주는 곳, 사실 거의 없다고 봐도 된다. 회사란 이익을 내기 위한 곳이기 때문에 손해 보는 장사는 하지 않는다. 요즘 워라밸이 보장된다? 다시 한번 의심해봐야 한다. 각자가 원하는 기준을 낮추는 것도 어쩌면 하나의 방법이 될지 모른다.

직장인들은
자유를 사기 위해
자유를 팔고 있다

우리는 어쩔 수 없는 현실 속에서 벗어나지 못하고 다람쥐 쳇바퀴 같은 삶을 살며 열심히 일한다. 마치 하루살이처럼 하루 벌어 하루 산다. 내가 자라 온 주변 환경에서 본 사람 대부분은 평범한 가정 속에 자라 회사에 취직하여 일하며 산다.

'현재의 삶에 만족하는 직장인이 몇 명이나 될까?'라는 생각을 했다. 대부분은 이런 생각을 한다.

"먹고살기 위해 돈 벌어야지."
"내가 무엇을 위해 사는 건지 모르겠다."

답답한 현실에서 벗어나지 못하는 이유는 집안 환경 탓이 크다. 어떤 사람은 부잣집 아들로 태어나 편하게 생활하는 반면 나 같은 사람은 가난을 받아들이고 그대로 살거나 시련을 극복하고 집안을 일으켜야 한다. 그러나 극복은 쉽지 않다.

사람이 성장하는 데 가장 큰 영향을 주는 게 주변 환경이라고 생각한다. 가난한 사고를 하고 있으면 가난을 벗어나고 싶어도 다람쥐 쳇바퀴 같은 삶 속에 갇혀 변화할 수 없게 된다. 지금 당신이 성공하고 싶다면 어떻게 해야 할까? 바로 부자처럼 생각하고 부자처럼 행동하는 것이다. 이 말에 대해서 아는 사람은 있어도 실천하는 사람은 드물다. 지금 당신은 정말 성공하고 싶은가? 그렇다면 어떻게 해야 할지에 대해 내가 실천했던 방법을 말하려고 한다.

첫째, 부자 마인드를 가지고 있는 사람은 부정적인 생각을 하지 않는다.
둘째, 시련이 와도 어떻게 이 상황을 극복할지 더 나은 방향만 찾는다.
셋째, 마인드 차이로 삶의 만족도가 달라지기도 한다.

이렇듯 나는 아버지의 주유소 사업 부도로 인해 가난을 벗어날 수 없는 환경에서 커왔다. 가난한 환경이었으니 마인드도 부자 마인드를 가질 수 없었다. 나 같은 경우는 가난을 극복하고 싶어 부자가 되겠다는 막연한 꿈을 가지고 회사에 다니고 있었다.

스무 살 무렵, '어떻게 하면 부자가 될까?'라는 생각을 많이 했다. 재직 중인 ㈜와이지원에 근무하면서 저축하고, 경력이 쌓이면서 월급도 올랐다. 이렇게만 단순하게 살아가도 '나중에는 잘살지 않을까?'라는 생각을 했다. 현실에서 내가 받는 월급은 주간 12시간을 해도 세후 170만 원 정도였다. 고등학교 졸업하기 전까지 실습생 때는 대략 100만 원 정도 받으면서 일을 했다. 취업을 못 하고 졸업한 학생들도 많았다. 처음 입사할 때 마음가짐은 이 직장을 평생 직업으로 가지는 것이었다.

내가 이 월급으로 대략 매달 100만 원씩 9년을 적금 들어야 1억이 생긴다. 29세에 1억 모은다고 하더라도 입대한 기간을 빼면 30세가 넘어간다. 심지어 그때 1억이면 내 집 마련도 못 한다는 현실을 알게 됐다. 대출 없이는 1억 가지고 집을 사지 못한다. 평균 연봉을 받는 직장인이 1억을 만드는 데 걸리는 시간이 9년 정도 걸린다고 한다. 9년 뒤면 물가가 상승하게 되고 아파트는 지금보다 더 오를 것이다.

20세의 나는 돈을 모으는 방법이라곤 적금밖에 몰랐다. 주변에 부자들도 없고 돈 공부에 대해 알려 주는 사람은 단 한 명도 없었다. 이런 현실 속에 살아야 한다는 게 너무 비참하고 힘들었다. 내가 백날 열심히 살아도 회사 시간은 정해져 있고 월급이 올라도 물가 상승도 같이 올라 큰 차이가 없다는 게 현실이다.

이런 세상 속에서 전 재산을 다 잃고도 포기하지 않는 어머니, 아버지가 생각이 났다. 부모님을 생각하면 이를 악물고 살 수밖에 없다. 세 자녀를 키우느라 고생하시는 부모님을 생각하면 가슴이 찢어질 듯 아파왔다. 너무 오랫동안 마음에 상처를 입어왔다. 당시 상황에서는 아무리 계산하고 생각을 해봐도 나아지는 방법을 찾을 수가 없었다. 내가 취업을 하면서 돈을 벌어보니 쉽지도 않을 뿐더러 먹고살기 힘든 세상이라는 것을 느낄 수 있었다.

새삼 세 자녀를 키우시는 부모님을 보면 정신력이 정말 대단하다고 느껴졌다. 아버지와 어머니는 자식들만큼은 포기하지 않았기 때문이다. 나는 가난을 피할 수 없었지만 원망한 적은 없었다.

나는 가난한 환경에서도 감사하다고 생각한다. 나는 이 직장에서 경력이 쌓여도 이 상황을 극복할 수 없다는 걸 알았다. 일단 내가 ㈜와이지원 공무 팀에서 최대한 배울 수 있는 기술들을 배우기로 했다.

당장은 보이지 않더라도 내가 성공할 방법은 종사하는 분야에서 최고가 되는 것이다. 그래서 경력을 쌓아 더 돈을 많이 주는 곳으로 이직을 해야 하겠다고 생각한다.

돌아보면 나는 이 회사에서 단지 기술뿐만 아니라, 대인 관계, 사회생활의 기본이 되는 모든 것을 배운 것 같다. 나의 사수분은 군 생활 20년 정도 하시다가 전역 후 회사로 취직했다고 들었다. 군대도 가지 않은 20세에 큰 부담이 되었지만 나는 정신력으로 버틸 수 있었다. 나의 사수는 입사 동기들도 그렇고 누구나 다가가기 힘든 그런 부분이 많았다. 나와 같은 공무 팀 동기는 피하기 바빴는데, 나는 오히려 옆에서 달라붙어 잘 따라다녔다. 물론 신입사원 때 6개월 정도는 엄청나게 고생했었다. 군대 방식이 몸에 습관이 되어 있어서 답답하거나 느린 모습을 보이면 바로 뭐라고 했을 정도다. 나는 시련 속에서 계속 성장했기 때문에 두려움은 없었다. 오히려 나는 지적을 받을 때 나의 문제점을 알 수가 있어서 좋았다. 나중에 1년 이상 지났을 때 사수가 한 말이 있다.

"아직 사회 초년생이고 어리기 때문에 3개월도 버티지 못하고 퇴사할 줄 알았다."
"군말 없이 열심히 잘 따라줘서 고맙다."

나는 실패를 통해서 멈추지 않고 성장해왔다. 실패가 있어야지 그 속에서 또 배움이 있다는 것을, 경험을 통해서 깨달았다. 나중에는 사수랑 둘도 없는 형, 동생처럼 지냈다. 내가 죽으면 나중에 관도 들어달라고 할 정도다.

내가 사회생활을 하면서 도움이 되었던 점들을 적어보겠다.

첫째, 나는 어렸을 때부터 아무리 힘든 상황 속에서도 인간의 기본 예의와 도리 그리고 밝은 미소와 바른 인사성을 잃지 않았다. "웃는 얼굴에 침을 못 뱉는다"는 말이 괜히 있는 말이 아니다. 어딜 가든 밝은 사람을 좋아하지만, 어두운 사람은 대부분 피한다. 웃는 얼굴로 인사만 잘해도 사회생활 50%는 먹고 들어간다.

둘째, 나는 친구들과 아니면 어른들과 소통할 때 항상 경청하는 자세와 아이 콘택트를 유지해왔다. 대화할 때 상대방이 내 이야기를 잘 듣고 있다고 느낄 수가 있어야 한다. 만약 눈을 피하게 된다면 자신감이 없어 보이고 다른 생각을 하는 것으로 오해받을 수 있으니 주의하자.

인간관계에서는 가장 중요하다고 생각한다. 입장을 바꿔서 생각해보면 이해하기 쉽다. 내가 말하고 있는데 관심이 없는 듯한 태도를 보이면 말하는 사람도 지친다. 말을 잘하는 것보다 상대방의 말을 진심으로 공감해주며 들어주는 것이 중요하다. 여기서 한 가지 더 추가하면 대화를 할 때 나 같은 경우에는 상대방을 공감해주고 호응을 해주면 반응이 더 좋다.

세 번째, 상대방의 부정적인 말도 긍정으로 돌려받는 기술이다. 이 점은 쉽지 않을 수가 있다. "상대방이 부정적으로 말하는데 긍정으로 받아주라니?" 만약 내가 사회 초년생이라고 가정해보자. 직장에서 살아남으려면 필요하긴 하다. 너무 불합리한 거 아니면 어느 정도 수긍하고 맞춰가라. 싸워봤자 득이 될 수 있는 것은 없다. 상사가 시키면 안 된다는 답변보다 긍정적으로 받아들이는 응답을 하도록 해보자.

네 번째, 어릴수록 더 힘든 부분이지만, 먼저 사과를 하는 사람이 되자. "죄송합니다, 미안해, 감사합니다." 정말 일상적인 말이긴 하지만 가장 힘들 수 있다. 평소에 이런 말을 못 하는 사람들은 자존심밖에 없는 사람들일 경우가 많았다. 그럼 사회생활은 더 힘들어질 것이다. 먼저 사과할 수 있는 용기가 있고 잘못을 인정할 수 있는 사람이 되자.

싸움의 승리자는 자존심이 강한 사람이 아니라 먼저 사과하는 사람이다. 그런 사람은 보통 상대방을 이해해주고 배려가 몸에 배어 있는 사람일 경우가 크다.

다섯 번째, 칭찬의 기술이다. "칭찬은 고래도 춤추게 한다"라는 말이 있듯이 상대방에게 진심을 담아 칭찬을 하면 호감을 불러온다. 비난을 싫어하는 사람은 있어도 칭찬을 싫어하는 사람은 없다. 관심을 가지고 칭찬을 하자. 좋은 인간관계를 형성할 수 있을 것이다.

나의 자유를 사기 위해 자유를 팔고 있지만, 처한 환경에 불만보다 최고가 되기 위해 노력을 하자. 나는 내 삶을 바꾸기 위해 그냥 막연하게 퇴사를 할 결심을 했었다. 생각 없이 퇴사하게 된다면, 자신이 처한 상황을 절대 바꿀 수 없다. 나의 삶이 조금 더 나아지도록 방향을 잡기 위해서는 구체적인 목표를 만들어야 한다. 내가 추구하는 것이 무엇인지 어떤 삶을 살아가고 싶은지 말이다. 보통 자신이 좋아하는 것이 무엇인지 찾는 건 쉽지 않다. 이제 막 취업한 20대는 인생을 설계하는 귀중한 시간을 보내고 있는 것이다.

누구에게나 처음은 당연히 실수도 하면서 배우는 시기니 자기 자신이 잘하는 게 없고, 꿈이 없다고 생각하지 말길 바란다. 따라서 확실한 경력 개발을 하면서 자신의 꿈 설계를 해나간다면, 분명 지금보다 더 나은 삶이 펼쳐질 것이다.

처음부터 삶은 바뀌지 않는다. 당장의 눈앞, 즉 현실에 안주하지 않고 시간을 소중하게 여겨 나의 자유를 위해 발전해간다면, 멋진 미래가 기다린다. 한 살이라도 더 젊을 때 큰 실패도 경험해보고 좋은 멘토를 찾고 새로운 경험을 많이 하게 된다면, 미래의 내 모습은 경제적 자유를 얻게 될 것이다.

04

언제까지
현대판 노예로
살 것인가?

평생 노예로 살 것인가? 아니면 스스로 길을 개척할 것인가? 나는 내가 원하는 꿈을 찾지 못했다. 나는 고등학교 시절에 가장 빨리 현장 실습을 나와 개미처럼 열심히 일하고 있다.

'나는 지금 잘하고 있는 걸까?', '내가 지금 원하는 삶을 사는 걸까?'라는 생각을 했다. 원하는 취업까지 하였지만, 정작 내 인생에 큰 변화는 없었다. 앞으로 평생 회사에서 일만 하다가 나이 들고 평범하게 결혼하며 애를 낳고 살아가는 이런 평범함이 너무 싫었다. 내가 생각하는 행복과는 거리가 멀었다. 이 틀에서 아무리 발버둥 쳐도 벗어날 수가 없었다. 내가 자라 온 환경 탓에 회사 생활 말고는 다른 진로를 찾지 못했다.

회사 생활을 하다 보면 회의감이 찾아올 때도 있다. 심해질 경우는 우울증까지 오는 일도 있다. 취업 포털 사이트를 보면 직장인 10명 중 7명 절반 이상이 우울증을 앓고 있는 것으로 나타났다. 특히 여성 응답자가 남성보다 더 많은 우울증을 호소해 더 높은 비율을 차지했다. 원하는 삶을 살고 있지 않다는 것이다.

나 역시 그중 1명에 속해 있었다. 2015년, 7월이 되던 해, 회사 경력이 1년이 되었던 날이다. 또래 친구들보다 운 좋게 취업을 빨리하게 되어 경력이 쌓인 것이다. 보통 스무 살에 취업 나가게 되면 수습 기간까지 못 버텨 회사를 그만두거나 방황한다. 보통 내 친구들은 고등학교를 졸업하고 놀러 가거나 술을 마셨다. 내가 회사에서 쉬는 시간에 SNS를 보면 다들 술을 마시거나 여행 다니는 사진들이 올라와 있어 부럽다는 생각이 들었다. 나는 쉴 틈 없이 주말에도 특근하며 일하는 경우가 많았다. 나의 고향을 떠나 다른 지역에 있는 기숙사에서 지내다 보니 더욱더 외롭고, 대학교 가는 친구들을 보면 한편 부럽다는 생각도 많이 했다.

남들 대학에서 보낼 때 나는 1년 이상 실무 경력 쌓은 걸 위안 삼았다. '회사 경력이 언젠가는 도움이 될 날이 올 거야.'라는 마음으로 버텼다. 스펙은 없고 대학교도 가질 못했으니 내가 할 방법은 기술을 배워 경력을 쌓는 방법 말고 떠오르지 않았다. 모든 게 처음이다 보니 회사라는 곳은 학교처럼 쉬운 곳은 아니다.

어릴 적 학교에서는 선생님께서 하라는 대로 하고 수업만 들으면 되었지만, 회사라는 곳은 내가 스스로 눈치껏 알아서 행동해야 하는 곳이다. 사람마다 다르겠지만 업무를 배우게 된다면 학교에서 선생님이 교육하듯, 설명해주지 않는다. 내가 배우려고 해도 쉽게 기술을 알려주지도 않는다. 그리고 한 번 알려준다고 쉽지는 않다. 처음에 기술을 배우기 위해 쉴 틈 없이 뛰어다니며 정신없이 배웠다. 배우면서 필기하지 않아 혼난 적도 빈번했다. 내가 모르면 일을 할 수가 없어 아무리 힘들어도 이를 악물고 견뎠다.

사회 초년생은 일보다 사람이 힘들어서 못 버티는 경우가 대부분이다. 퇴사율이 높은 이유는 대부분 대인 관계가 힘들어 그만둔다. 그 외 임금과 관련된 부분은 어차피 어느 정도 알고 들어가기 때문에 뒷전인 거 같다. 나는 고교 시절에 상하차 택배, 서빙, 단기 아르바이트 등 고된 작업들을 일찍 경험해 사회생활의 쓴맛을 몸소 체험했다. 일찍 사회생활을 한 덕분에 그래도 나는 눈치껏 알아서 행동했다.

나도 처음에는 쉽지 않았다. '눈치껏 해야 한다는 게 말이 쉽지. 어떻게 적응할까?' 나는 늘 생존 게임을 하고 있었다. '내가 회사를 그만두거나 포기하면 나를 받아주는 회사가 있을까?' 어쩔 수 없이 포기할 수 없는 정신으로 돌파구가 없으니 직진만 한 것이다.

내가 경력을 쌓으면서 들었던 생각들이 있다. 내가 하루에 12시간씩 근무를 하며 벌어들인 돈으로는 지금 삶이 나아질 기미가 보이지 않을 것이라는 절망적인 생각이 들었다. 나에게 소리 소문도 없이 직장인 슬럼프가 찾아왔다. 나는 1년 중 세 번 슬럼프가 찾아왔다. 입사 후에 한 달도 안 돼서 한 번, 적응이 되었을 3개월 차쯤 한 번, 1년 이상이 되었을 때 한 번 악순환들이 찾아왔다.

입사 후에 한 달도 안 돼서 찾아오는 슬럼프는 사실 개인에 따라 다르긴 하다. 슬럼프를 못 느끼고 지나가기도 하나, 내가 새로운 곳, 새로운 사람들과 적응해가느라 각종 스트레스를 받게 된다. 단체 생활에서는 입사 환영보다 오히려 무관심들도 많다. 입사 후 설렘과 동시에 부정적인 생각들이 찾아와 슬럼프가 찾아오기도 한다. 새로운 환경에 적응하지 못해 일부는 퇴사하기도 한다. 신입사원 적응을 무사히 마쳤으나, 신입이라고 따로 원치 않는 일을 떠맡게 되거나 불합리한 일들을 받아들여야만 하는 상황에서 많은 신입사원이 슬럼프에 빠지기도 한다.

'내가 이렇게 노예처럼 일을 해야 되는 게 맞나?'
'앞으로 이 길이 진짜 맞는 건가?'

'왜 인간적이지 못한 사람들이 많을까?'

여러 가지 부정적인 생각들이 들기도 한다. 이 시기를 못 이기면 다른 적성에 맞는 일을 찾아 떠나는 사람들이 생기기도 한다.

입사 후 1년이 되었을 때, 찾아오는 주변 사람들과 비교하게 되는 것이다. 자신보다 더 큰 경제를 소유하고 있는 사람, 다른 적성을 찾아 행복하게 사는 것 같은 지인들을 바라보게 된다. 나는 고생은 고생대로 하면서 정작 월급 수준은 전혀 나아지거나 변화는 없었다. 회사는 월급을 올려주기보다 임금 동결을 하거나 아니면 임금 인상이 되면 업무는 내 몸이 두 개가 돼도 부족할 정도로 많아진다. 내가 애써 헌신과 노력을 해와도 나답게 사는 거랑은 정반대의 길을 가고 있다. 단지 돈을 벌기 위해 일하는 현대판 노예가 되고 있었다.

나도 이런 사람들을 보면 상대적 박탈감이 들기도 했다. 지금 내가 하는 방향이 맞는 건지 시야를 넓혀 어떻게 이 문제를 풀어낼까 고민했다. 스무 살에 나는 사람들에게 조언을 많이 구했다.

"지금 삶이 행복합니까?"
"앞으로 제가 어떻게 살아가야 할지 길을 모르겠습니다."

선배님들의 답변은 이렇다.

"나는 지켜야 할 가정도 있고 하니 애들 키우는 게 힘들지 뭐."
"먹고살려면 열심히 돈 벌어야지."
"너는 아직 젊으니까 경력을 쌓아서 좋은 곳으로 이직해."
"스펙과 자격증을 많이 취득하기 위해 공부나 해라!"

명쾌한 답변은 얻을 수 없었지만, 현실을 직시하는 데는 확실히 도움
이 되었다. 직장만으로는 내 행복을 찾을 수는 없다는 것을, 세상은 내
마음처럼 호락호락하지는 않았다. 신입사원 시절에 공장장님이 나에게
"이 또한 지나가리라"는 이 말을 자주 했다.

시련과 고통은 이 또한 지나가고, 해낼 수 있다는 확신과 믿음으로 모
든 상황은 점점 나아졌다. 내가 아무리 힘들더라도 이 확신을 되뇌었다.

'부정적인 생각과 어려운 상황들, 언젠가는 다 지나가고 좋은 일이 찾
아올 거야.'
'지금은 가난에 벗어나지 못하더라도, 나는 꼭 경제적 자유를 달성할
거다.'

경제적인 여유도 없고 내 시간은 온전히 내 것이 아닌 남을 위해 시간

을 쏟고 있었다. 사는 대로 생각만 한다면 현대판 노예에서 벗어날 수 없었다. 생각의 관점을 바꿔야 한다. 이 마음가짐으로 살아가는 원칙과 기준을 정하게 되었다. 분명 우리는 시도를 하는 데 시행착오도 겪게 된다. 여기서 차이는 하나다. 머물러 있거나 아니면 언제나 꿈과 목표를 향해 점점 나아가는 사람이 되어 있거나.

항상 내게 시련이 찾아오면 혼자만의 시간을 겪으며 나 자신과 싸워 극복한다. 어렵고 힘든 일이 닥쳐와도 나는 이겨냈다. 시련이 찾아와도 나는 극복했다. 실패를 겪어도 나는 성공했다. 자신 스스로가 할 수 있다는 확신으로부터 출발해 점차 나아갈 수 있다. 우리는 모두 다 가치 있고 소중한 사람이다. 부정적인 생각들이 모여 우리를 한없이 작아지게 만들지만 계속해서 극복해가야 한다. 현대판 노예가 아닌 우리 스스로가 주인이 되는 삶을 살길 바란다.

05

꿈이 있는 자는 결코 쓰러지지 않는다

'왜 도대체 나에게는 이런 시련들이 찾아올까?' 지금의 나를 돌아보면 시련을 겪어왔지만, 딱 감당할 만큼의 고난만이 찾아왔다. 극한 시련이 찾아오면 포기하고 싶은 생각이 든다. 하지만 부정적인 생각에서 '나는 여기서 포기할 수 없어, 꼭 성공할 거야.'라는 긍정적인 생각으로 바꿀 때, 상황이 좋아지고 늘 성장해왔다.

살다 보면 예상치 못한 시련과 부정적인 생각도 분명 찾아온다. 여기서 성공자와 실패자의 차이는 시련을 극복했는가, 아니면 그대로 포기하는가 하는 것이다. 사실 시련을 극복하면 상황들은 점차 나아진다. 나는 직접 경험을 통해 느꼈다. 분명 나보다 더 힘든 상황에 부닥쳐 있는 사람들도 있을 것이다. 뭐든지 혼자 스스로 고통을 감내하며 극복했다. 사실 이건 좋지 않은 판단이다. 심리적 불안정을 느끼거나 극단적인 선택까지 할 수 있다. 희망을 보지 못하고 절망에 빠진 사람들에게 힘내라는 말은 큰 힘이 되지 못한다. 힘든 시련을 겪는 사람에게는 힘내라는 말은 오히려 독이 될 수 있다.

나는 위로가 필요한 사람에게 힘내라는 말보다 이런 조언을 했다.

'힘든 시기임에도 잘 이겨내고 있다.'
'지금 힘든 시기를 겪고 있지만, 반드시 꼭 나아질 거야.'

선행을 베풀면 그 선행은 또 다른 선행이 되어 다시 돌아오고 행복을 느낀다. "진심으로 고마워. 덕분에 힘이 되었다. 힘든 일이 있으면 언제든 연락해줘."라는 말에 나는 오히려 더 감동하고 도와주고 싶은 마음만 생겼다. 따뜻한 마음으로 진정성 있게 해주는 공감과 경청은 상대방에게 큰 힘이 된다. 좋은 말이 생각이 나지 않는다면, 묵묵히 옆에만 있어 주는 것도 큰 힘이 된다. 절대 힘든 사람과 타인을 비교하지 말자. 힘든 상황에 있으면 자기 자신이 가장 힘들다.

내가 지금 실패라는 자리에서 머물고 있다면 나의 운명은 계속 도돌이

표처럼 반복되는 일상들이 시작되는 삶일 것이다. 다시 일어서려고 하면 바뀌지 않던 운명도 자연스럽게 좋아질 것이다. 이런 경험을 직접 몸소 느꼈다. 나의 실패는 허황한 꿈에서 시작된 실패다. 어려운 환경 속에서 자랐어도 나는 부모님 원망을 한 적이 없다. 나의 인생은 내가 바꾸면 된다는 확신이 있었다. 여기서 문제는 나를 위한 확신이 아니었다는 점이다.

인생에 누구에게나 세 번의 기회가 찾아온다는 말이 있다. '왜 나는 열심히 하고 있는데 나에게는 기회가 오지 않을까? 나한테 왜 시련만 오는 걸까?' 안 될 때마다 이런 질문을 해왔다.

나에게 시련이 찾아왔을 때를 돌이켜보면 공통적인 사항들이 있었다. 나는 긍정적인 사람이라고 생각했다. 내면의 마음에서는 '할 만큼 했는데 왜 안 될까? 너무 힘들다. 다 때려치우고 포기하고 싶다.'라고 이런 생각을 했기 때문에 벗어날 수 없다는 걸 알았다. 여기서 아무리 힘들다고 좌절하고 우울해하지 않았듯이 될 일도 풀리지 않고 오히려 잡생각이 많았다. 내 인생에서 도움이 되는 일이 없었다. 늘 준비도 되어 있지 않은데 허황한 꿈, 항상 기회나 요행을 원했다. 노력 없이 얻는 복은 언제 달아날지 모른다. 자신이 준비되어 있지 않으면 꿈이랑 목표는 멀어진다.

나도 사람인지라 슬플 때도 있고 화날 때도 있고 기쁠 때도 있다. 하지만 지금은 모든 감정을 다 제대로 느끼며 나답게 긍정적인 시선으로 삶을 바라보며 살아가고 있다.

　군대에서는 여러 별명이 있었지만 나를 '긍정맨'이라고 불렀던 동기가 있다. 그 동기는 주변 사람들이 다가가기 어려울 정도로 부정적인 사람 중 한 명이다. 항상 표정이 어둡고 군 생활에 적응을 하는 것이 힘들어 보였다. 과거에 내가 힘들었을 때 모습이 떠올랐다. 내가 도와주고 싶다는 생각이 들었다. 조금이라도 도움을 주고 싶어 마음의 문을 먼저 열었다. 처음에는 크게 나를 반겨주지 않고 거리를 두었다. 나는 언제나 한결같은 긍정적인 태도로 밝은 모습을 보여줬다. 내가 했던 행동은 진정성 있게 다가가고 공감해주고 들어주는 것이었다. 한결같은 태도의 진심이 닿았는지 어느 순간 그가 마음의 문을 열었다. 내가 전역할 때 나는 그 동기에게 편지를 받았다. "준혁아, 나에게 군 생활을 하며 얻은 게 무엇이냐?라고 물어본다면 최준혁이라는 사람을 만난 것, 그리고 그 사람으로부터 긍정이라는 것을 배우게 된 것이라고 대답할 것이다."라고 적혀 있었다. 지금은 내가 '긍정맨'이라고 부르며 나와 미래를 함께하는 친구가 되었다. 지금은 좋은 소식도 나누고 무엇보다 힘들 때 더 크게 위로해주며 서로에게 힘이 되어준다. 나의 진심이 깃든 행동들은 언젠간 인덕으로 다 돌아온다. 지금의 나로 더 성장시켜 긍정이라는 타이틀을 잃지 않았다.

　나는 학생 때부터 일찍 사회 경험을 해오면서 여러 가지 고충과 쓴소리를 듣기도 했다.

"아직도 그걸 모르면 어떡해?"

"똑바로 안 하냐? 생각 좀 하자."

"급하게 하지 말고 천천히 안 하냐?"

처음에는 부정적인 시각으로 바라보았다. 그러니 오히려 일도 안 풀리고 원래 하던 일마저 안 됐다. 내가 생각을 바꾸고 마인드를 바꾸니 오히려 나에게 하는 독설은 '나에게 관심이 있으니 신경 쓰는구나.'라고 긍정적으로 받아들일 수 있게 되었다. 사실 가장 가까이서 많이 들었던 부정적인 말은 그 누구도 아닌 부모님의 잔소리다.

"자꾸 허황된 꿈만 꾸지 말고 네 주제를 알아라."

"너도 그렇고 사회가 자꾸 한탕주의로 변하는 게 무섭다."

"네가 그러니 요 모양 요 꼴이지."

어머니에게 여러 잔소리도 많이 들었다. 지금 생각해보면 아들이 잘되기를 바라는 마음으로 조언을 한 것이었다. 마인드가 바뀌기 전에는 모든 게 잔소리로 들렸는데 지금은 어머니의 마음이 이해가 된다. '내 걱정을 많이 하시는구나, 더 열심히 살아야겠다.'라고 더 성장할 수 있는 동기 부여로 받아들인다. 지금도 듣고 있는 어머니의 잔소리는 '나를 바뀌게 하려는, 나를 사랑하는 마음의 소리이지 않을까?'라고 생각한다.

규칙에 얽매이지 않고 나를 바뀌게 해주었던 습관 중 하나는 자기 암시였다. 자기 암시를 하는 방법은 간단하다. 나 자신을 믿는 훈련이라고 해도 좋다. 내가 하는 자기 암시는 '나는 꼭 성공할 것이다, 내가 원하는 목표를 달성할 거다.'라는 말이다. 이 훈련을 반복했지만 사실 크게 변화는 없었다. 그 해답을 찾으려고 방법을 찾다 노아 세인트 존의 『어포메이션』이라는 책을 보았다. 이 책을 보면서 너무 공감이 갔다. 긍정적인 문구들을 보면서도 왜 내가 믿지 못했는지 알 수 있게 해주었다. 그냥 단순하게 남들이 만들어 놓은 것을 나는 기계처럼 반복했다. 여기서 말하는 자기 암시는 자기 확신이라고 부른다. 자기 암시만으로는 이루어질 수 없다고 한다. 이유는 우리가 성공하고 싶다고 말하지만 내면에서는 과연 내가 '성공할 수 있을까?'라는 부정적인 생각과 의심이 들어 바람이 이루어질 수 없다는 것이다. 여기서 나오는 자기 암시란 무엇인가? 우리 스스로가 이미 이루어진 것처럼 확언해야 한다. 질문형이 아니라 '왜'라는 단어를 앞에 추가하여 자신이 이미 성공을 이룬 것처럼 생각하고 말해야 한다.

"왜 나는 이미 성공한 사람인가."
"왜 나는 꿈과 목표를 달성했는가."

이 책에서는 인간의 뇌는 질문을 하면, 그 질문에 대한 답을 찾기 위해 자동으로 반응한다고 한다. 자기 자신에게 항상 좋은 말과 뱉은 말에 확신을 가져야 한다. 의심은 곧 다시 부정적인 생각을 불러오기에 될 일들도 안 풀린다. 사소한 습관으로 지금보다 점점 더 나아진다고 생각한다. 나도 슬럼프와 규칙에만 얽매였다. 규칙에 얽매이지 않고 도전하길 바란다.

꿈이 있는 자는 '성장통'이라는 고통을 극복해서 함께 성공하기를 바란다. 어릴 때부터 성장하기 위해 성장통이라는 걸 겪었을 것이다. 나는 성인이 되어야 진정한 성장통은 시작된다고 생각한다. 끊임없이 성장통을 겪어 이겨냈을 때만 다음 성장을 하게 된다. 성장통이 없이는 그다음의 단계를 넘기기는 힘들다. 자기 자신을 발전하게 하는 사람은 꿈을 가지며 성장한다. 외적으로 드러나는 아름다움보다 진정한 인생의 가치는 내면에서 겪은 성장 과정에 있다. 요행을 바라지 않고 꿈을 위해 하루하루 열심히 발전하게 되면 분명 세 번의 기회는 올 것이다. 그 기회는 운까지 끌어당겨서 돌아올 것이다.

성장통을 극복하고 시간이 지나면 자연스럽게 회복되면서 더 성숙해진다. 특별한 비결은 없다. 끈기 있게 노력하는 자는 절대 쓰러지지 않는다고 믿어야 한다.

06

회사는
당신의 인생을
책임지지 않는다

'평범하지만 평범해지고 싶지 않은 나'

평범하게 살아오지 않았지만, 평범하게 살고 있다. 한 번 사는 인생 이렇게 살다가는 안 되겠다고 생각했다. 항상 내면에서 속삭인다. 이런 생각들이 나를 가만두지 않고 계속 도전하고 행동으로 움직이게 만든다. 나는 행동하지만 조금만 더 가면 빛이 보이는데 도착할 때쯤 정작 다시 역주행하고 있었다. 가끔 이런 생각도 들었다. '나는 이 길이 아닌가 보다.', '어떻게 하면 내가 원하는 대로 살아갈 수 있을까?', '도대체 어떻게 해야 할까?' 고민하고 또 고민하고 방법을 찾지 못하여 또 방황했다.

'더 늦기 전에 군대부터 가자'는 생각으로 회사에 군 휴직을 사용했다. 군대는 의무라 입대 전에 입대날만 기다렸다. 하지만 전역 후에는 스스로 인생을 개척해야만 했다. 전역 하루 전날이 아직도 생생하다.

전역 전날 밤에 잠이 오질 않았다. 전역하면 진정한 내 인생이 펼쳐질 것만 같았다. 전역하기 전날, 나는 그동안 있었던 일들과 앞으로의 일들을 마지막으로 점검하는 시간을 가졌다. "남자는 군대를 다녀와야 철든다."라는 말을 많이 들었는데 나는 이 부분에 대해서 공감을 한다. 규칙적인 생활 방식과 꾸준한 건강 관리를 통해 부지런함을 얻었다. 동기들과 단체 생활로 인해 생활력과 리더십 등을 길러 내적으로도 많은 발전을 했다. 이 마음가짐으로 전역하면 내 세상을 가질 것 같은 설렘과 기쁜 마음으로 전역을 기다렸다.

'난 꼭 성공할 거야. 이제 내 인생 시작이다.'

내가 전역 후 기대했던 이상과 현실 사이의 괴리감이 컸다. 나는 전역하자마자 1주 정도 쉬고 바로 복직해야 하는 상황이었다. 홀로 회사 기숙사로 다시 돌아가야 한다는 현실을 믿고 싶지 않았다. 복직 후 회사를 들어갔을 때 2년 동안 많은 게 바뀌어 있었다. 새로운 사원분들도 많이 들어왔고 회사는 전보다 더 바쁜 상황이었다. 나는 전역 후 적응하기 위해 군대에서 기른 습관, 시키지 않아도 알아서 할 수 있는 판단력을 회사에 적용했다. 군대에서 일과 시간은 16시에 끝났다면 여기서는 12시간 이상을 근무해야 하는 상황이었다. 가끔 돌발 상황이 발생하면 자다가도 출동해야 하는 상황도 간혹가다 발생하였다. 돌이켜보면 사회생활보다 군대에서 지냈던 시간이 더 재밌고 편했다.

전역 후 바로 복직하게 되어서 그런가. 나는 업무에 집중력이 흐려졌다.

'시간이 지나면 괜찮아질 거야. 다시 적응하면 될 거야.'

그렇지만 시간이 갈수록 나아지기는커녕 회의감은 갈수록 커져만 갔다. 내가 근무하는 동안 쇠 파이프 절단 작업이 있었다. 이 작업에 동참한 인원은 세 명 정도인데 작업 공간도 엄청 비좁았다. 내가 직접 그라인더 절단 작업을 맡았고 보조가 옆에서 봐주고 한 명은 파이프를 흔들리지 않게 잡아줬다. 그라인더 작업 중 파이프가 휘청거려 날이 무게를 못 견뎌 날아갔다. 그라인더가 어디로 갔나 찾는 도중, 보조분이 "준혁아, 너 무릎에서 피가!"라며 놀란 듯이 말했다. 그라인더는 내 무릎을 긁고 지나간 것이다. 상처를 보기 전까지는 아무 감각이 없어 큰일이 아니겠지 싶었는데, 무릎이 파인 모습을 본 순간, 온 고통이 몰려왔다. 나는 이미 벌어진 상황에다 피가 나는 무릎 상처를 보고 너무 놀라 입술이 새파랗게 질렸다. 상황이 너무 심각해져 머릿속엔 아무 생각도 들지 않고 움직일 수 없었다. 그 조수분은 상사들에게 상황 설명을 하고 구급차를 불렀다. 태어나서 상처를 입어 꿰맨 적도 없던 나는 의사의 바로 수술해야 한다는 소식에 두렵고 무서웠다.

병원 측에서는 휴식이 필요하다고 하였으나 회사 측에서 이미 퇴원 처리를 하였다. 나는 2주간 기숙사에서 휴식을 취했다. 나는 그 시간 동안 많은 생각이 들었다. 이대로 가다가는 몸만 상하고 행복과 멀어지겠다는 생각이 들었다. 큰 수술을 겪고 잘 해결되었으나, 여기서는 나의 미래가 보이지 않아서 더 나은 삶을 찾기 위해 퇴사를 결심하게 되었다.

규칙에 얽매이지 않고 운동과 자기계발을 하면서 여유롭게 살고 싶었다. 균형 잡힌 생활을 하고 싶다는 마음에 기술직 공무원 강의를 등록하고 준비하기로 했다. 내가 퇴사 후 결심한 공무원 도전은 진짜 꿈이 아닌 가짜 꿈일 수도 있다. 내가 원해서 준비하긴 했지만, '회사라는 곳에서 벗어나 도피하고 싶은 마음이 커서 아닐까?'라는 생각이 들기도 했다. 회사라는 곳에서 벗어나 다른 길을 찾기 위해 많은 시간을 들였다. 한 달 정도 지났을 때 '기술직 공무원'이라는 직업을 알게 되었다. 공무원이라는 직업은 안정적인 생활을 하면서 나의 시간을 잘 활용할 수 있을 것이라는 느낌이 들었다. 바로 기술직 공무원 시험을 준비하기 위해 퇴사했다. 내가 퇴사한다고 했을 때, 부모님은 크게 신경 쓰시지 않았지만 눈치를 보았다. 내가 집안을 도와주지 못할망정 방구석에서 공무원 준비를 하고 있다는 게 한편으로 마음에 걸렸다. 고졸 특별 채용 전형은 전 과목 아닌 전공 관련 세 과목만 보면 되기 때문에 유리했다. 하지만 조건이 있었다. 학교장 추천서가 있어야 했다. 학교장 추천서가 있어야 세 과목으로 응시할 수 있었다. 학교장 추천서의 기준은 까다로웠다. 나는 조건에 충족하지 못했고 내가 응시할 방법은 일반 전형밖에 없었다. 이 과정에는 국어, 영어, 한국사를 포함해 다섯 과목으로 응시해야만 했다. 영어에는 자신이 없어 사실상 반포기 상태다. 지금 생각하면 영어는 나에게 걸림돌이었다.

나는 인생에 대해서 꿈과 목표가 정확하지 않았다. 일반 전형에서는 내가 준비하기에 시간이 얼마나 걸릴지도 모르고 경제 수준도 여유롭지 않았던 상태였다. 부정적인 생각만 들었다. 당장은 내가 퇴직금도 있고, 생활 수준은 되지만 이대로 백수 시간이 길어지면 위험했다. 절박함이 찾아왔다. 이때 청주 SK하이닉스 설비 유지보수 채용 소식을 봤다. 전부터 조건이 괜찮다는 소식은 들었다. 1차 서류 전형에서 기존에 기술을 배웠던 경험을 바탕으로 자기소개서를 작성했다. 합격자 발표 기간이 찾아왔다. 메일로 확인하라는 문자 소식을 봤는데 합격했다. 다음 과정인 2

차 인·적성 검사를 서울 세종대학교에서 진행했다.

잘 마치고 돌아가는 길에 전 직장 입사 동기한테 오랜만에 연락이 왔다.

"오랜만이야. 잘 지내?"

"응. 나는 전역하고 얼마 전에 퇴사하고 이직 알아보고 있어. 너는 뭐하고 지내는데??"

"경기도 안양 근처에서 삼촌이 다니고 있는 회사에서 유통 쪽 일하면서 편하게 다니고 있어."

입대 전 기숙사에서 2년간 같이 생활했던 룸메이트다. 그 친구가 다른 제안을 해왔다.

"지금 하는 거 없으면, 복지는 나쁘지 않은데 생각 있으면 말해. 네가 원한다면 삼촌한테 말해볼게."

나름 좋은 제안이 들어온 것이다. 처음에는 망설였지만 거절했다. 경기도권으로 가야 한다는 것이 막막했다. 일단 생각해보고 연락해준다고 하고 끊었다. 그 후로 몇 차례 연락이 왔었다. 때마침 2차 결과 발표자가 나왔는데 탈락했다. 큰 기대를 하지는 않았지만, 막상 2차 전형에서 떨어지니, 상실감이 컸다. 친구에게 연락이 와서 나의 소식을 전해줬더니 "나랑 같이 일하자. 복지도 괜찮고 일도 괜찮은데."라며 계속 어필을 해왔다. 상실감이 컸던 나는 언제까지 막연하게 집에서 백수처럼 지낼 수 없다는 압박이 들었다. 그래서 나는 경기도에 가서 일하기로 마음을 먹었다. 집에 있는 짐을 챙기고 준비해 약속 시간에 맞춰 안양으로 올라갔다. 친구가 마중을 나와 반겨주었다. 그리고 삼촌이라는 분을 만나서 대화를 했다. 전에 들었던 내용이랑 다르게 기숙사는 없다고 자기 지인분한테 부탁해서 도움을 청해 지내면 된다고 하기에 어이가 없었다. 나는 마음먹고 올라와서 다시 돌아가기는 싫었다. 친구의 삼촌이 시키는 대로 하기로 했다. 그 당일 회사 쪽으로 출근을 했다. 근데 내가 생각했던 회사가 아니라, 그냥 지식산업센터 한 호실에서 면접을 본 것이다. 회사 설명을 들었는데, 느낌이 좋지 않았다. 친구가 말해줬던 내용이랑 너무 달랐다. 나에게 말해줬을 때는 식품 유통 쪽을 맡고 있다는 식으로 말했지만, 실체는 네트워크 마케팅이라고 했다. 강의를 듣고 속았다는 느낌에 자리를 박차고 나오려 했으나, 그래도 전 직장에서 함께 지낸 정도 있어서 한번 친구 이미지 생각해서 끝까지 들어봤다. 사실상 이건 아니라는 촉은 느꼈다. 한편으로 돈 벌고 오겠다고 떠벌렸던 책임에 '그래 까짓것, 한번 해보지 뭐.'라며 마음 편하게 생각하기로 했다.

　여기서 가장 궁금했던 것은 월급이었다. 내가 올라간 이유도 돈을 벌기 위해 갔던 것이지, 놀려고 갔던 것이 아니었다. 회원으로 가입하여 물건을 구매한 후, 물건에 포인트 제도를 만들어 회원들을 모집하여 또다시 물건을 구매할 시 돈을 받는 구조다. 사실 말도 안 되는 피라미드 구조였다. 나는 부자가 되겠다는 꿈과 열정 하나로 바라봤는데 욕망이 나를 지배한 상태였다. 지금 생각해보면 제정신이 아니었다. 4금융권 2건의 대출까지 끌어 1,500만 원 정도를 빌렸다.

며칠 후 어머니에게 전화가 왔다. "혹시 다단계 같은 거 하는 거 아니지?"라며 말이다. 나는 어머니에게 이 사실들을 알린 적도 없었는데 느낌이 좋지 않았다. 전화하는데 옆에서 직원들이 지켜보고 엿듣고 있었다. 어머니의 목소리를 듣자 혼자 정신이 번쩍 들었다. '내가 지금 무슨 돈을 벌겠다고 허황된 꿈을 좇는가?' 허황된 꿈은 깨지고 현실로 돌아왔다.

나는 돌이킬 수 없는 선을 넘었다. 알고 보니 친구의 삼촌은 직원이었고, 친구는 지인을 통해 들어갔던 것이다. 사실상 친구는 이용당하고 있었다. 친구에게 원망스러운 마음이 들긴 하지만, 화를 낸다고 달라지는 것은 없었다. 그냥 나 자신이 한없이 비참했다. 더는 비참해지기 싫어서 정신 차리고, 친구에게 마지막 조언을 해주고 나는 거기 생활을 다 정리하고 내려왔다. 돌아가는 길에 마음이 너무 무거웠다. 나는 빛을 보기 위해 떠났지만, 결국 빛이 아닌 빚을 등에 지게 되었다.

내가 있었던 곳에는 친구뿐만 아니라 대학생, 직장인, 20~30대의 젊은 층들이 모여 있었다. 나중에 이런 피해자들한테 연락이 오기도 했다. 결국 이익을 얻지 못하는 구조이다. 여러 가지 사례로 다단계 피해자들 각종 수익을 보장해준다는 혹하는 말에 잃는 사람들도 분명 있을 것이다. 특히 청년층의 취업난 등을 틈타 공략하거나 고령층들에게 여러 사기를 치는 사람들이 늘어나고 있다.

나는 이런 사례가 다시는 일어나지 않았으면 좋겠다. 나로 인해 다시는 이런 사례들이 일어나지 않게 불법 피라미드 특징들을 적어봤다.

첫째, 아르바이트, 재택 부업 및 취업을 미끼로 유도한다.

둘째, 단기간에 고수익 등 대출 등을 유도한다. 여러 가지 각종 혹하는 제안들이 오면 의심을 하자.

셋째, 시가보다 비싼 가격으로 구매를 하게 한다.

넷째, 실제로 사업자 등록증도 다 증명이 되어 있어도 구조는 결국 다단계 판매 영업이다.

다섯째, 반품하고 환불도 제대로 해주지 않는다.

내가 여러 사람을 만나고 분석해본 결과 공통적인 특징들이 있었다. 혹시 모를 자기 자신이 낯선 공간에 가입하든지 교육을 받으러 간다면,

판매원들이 못 나가게 막을 수도 있으니 꼭 가게 되는 일이 생긴다면 사전에 준비를 해둬라.

시련 속에서 한 가지 새로운 인생의 가치를 배웠다. 인간관계에서 피해야 할 사람을 내가 스스로 파악을 해야 한다는 것을 말이다. 당신에게 친절한 호의 뒤에 숨겨진 이유가 있다. 세상에 공짜는 없기 때문이다. 아무도 당신의 행복과 인생을 책임지지 않는다. 회사도 사람도 결국 선택은, 내 몫이다. 남이 당신을 끌고 가게 하지 말고 내가 삶을 주도해야 한다.

현재의 인생을 만들어온 것은, 결국 나의 선택에서 만들어진 것이다. 빛나는 미래를 선택해라. 엑스트라의 삶을 살 것인가? 아니면 주인공의 삶을 살 것인가?

인생은 선택의 연속이다. 실패 혹은 성공, 포기 혹은 도전 등 갈림길에 처해 있다. 아무리 험난한 일이 일어나도 주인공으로서 살아가는 삶을 선택하길 바란다.

07

언제까지
회사에
목숨 걸 것인가?

　나는 죽지 못해 일할 수밖에 없었다. 꽃보다 아름다운 나이, 나의 청춘은 장미꽃을 피우지 못하고 가시밭길을 걷고 있었다. 한창 친구들이랑 놀러 다니고 데이트도 하며 꾸미고 싶을 시기다.

　꿈과 목표를 향해 달려갈 시기에 나는 무스펙과 무직장인 상태에 신용불량자 문턱까지 가봤다. 매달 금리 17% 이상을 감당하게 되었다. 1금융권 금리가 평균 2~5%이다. 얼마나 큰 이자율인지 나타난다. 고정 수익은 없는 상황에 매달 고정적으로 빠져나가는 금액이 100만 원 이상이다. 퇴직금이 전부인 나에게 남은 건, 절망밖에 없었다.

과거를 바꾸기 위해 지푸라기라도 잡는 심정으로 허황된 꿈만 좇다 보니 나는 나락으로 떨어지고 있었다. 더는 바닥으로 내려갈 수 없을 만큼 말이다. 한동안 이 상태로 보내던 나의 현실에 초라해지는 상황만 돌아왔다. 매일 하루가 위태롭고 심리 상태가 불안정했다. 가장 위태로운 건, 이자 납부일이 다가오면 독촉 전화가 오는 것이었다. 목소리만 들어도 평범한 은행원은 아니다. 굵직한 조선족 말투를 가진 남자가 "다음 주까지, 이자 납부 바랍니다. 연체되었을 경우 법적 조치 진행하겠습니다."라며 이자 납부 당일 납부를 안 하면 다시 전화가 와서 협박적인 말투로 바뀌었다. 만약 연체가 지속되면 최악의 상황은 강제집행 및 가압류, 법에 따른 제재까지 받을 수 있다.

매달 이자 납부가 큰 부담이 되었다. 고정 소득이 없는 상태여서 가진 돈으로는 두 달밖에 버티지 못했다. 뭐든지 다 이끌어가려고 하는 독립적인 성향이 강해서 나는 혼자서 감당하고 있었다.

배경도 스펙도 없는 상태에서 절박함이 나를 바꾸었다. 이자율을 먼저 낮추기 위해 1금융권 우리은행을 찾아갔다. 내가 처한 상황을 말했다. 은행원께서 상황에 대해 답변해줬다.

"현재 직장이 없는 상태여서 신용이 나오지 않아, 대환 대출은 어려울 것 같습니다."

"그러면 제가 어떻게 해야 이자를 낮출 수 있을까요?"

"월 소득증명을 할 수 있는 급여 명세서와 6개월 이상 재직 기간이 필요합니다."

나는 현재 내 상황을 인지한 상태라 냉정하게 판단했다. 내가 할 수 있는 방법은 고소득을 주는 기업에 취업하는 거였다. 취업이 힘든 시대에 쉽지는 않지만, 바닥까지 내려간 나는 실패를 통해서 배운 경험으로 다시 도전하기로 마음먹었다.

그러던 중 취업 사이트에 대기업 한화그룹 계열에 기술직 부서 공개채용이 올라왔다. 이번에는 꼭 최종 합격을 하기로 마음먹었다. 나는 무조건 합격한다는 생각으로 친구들에게 말했다.

"한화 계열서 채용공고가 나왔더라. 얘들아, 나 이번에 이직 도전하려고 하는데 어때?"

"뭐라고? 네가 한화에 들어간다고? 야, 만약 들어가면 내 전 재산을 건다."

나는 도전을 하게 되면 주로 '떠버리 효과'를 쓴다. 떠버리 효과란 자기 자신이 도전해야 할 상황을 남들한테 당당하게 말하는 것이다. 예를 들어 '나는 언제까지 꼭 합격할 거야. 내가 이번 달 안에 얼마를 모을 거야.' 라는 식으로 이루고 싶은 목표를 상대방에게 말한다. 구체적으로 날짜까지 말하면 효과는 더 좋다. 100%는 아니더라도 원하는 목표에 이르는 데더 수월해진다. 내가 경험한 사례를 말하자면, 우선 내뱉은 말에 책임감을 느끼게 되어 열심히 하게 된다. 실패할 시 자존감과 창피한 몫은 나에게 다시 돌아오기 때문이다. 가끔 부정적인 비난들을 받기도 한다. 그 말들조차 사실 자극이 된다. 오히려 성취하는데 역으로 동기 부여가 되어준다.

'나는 이미 합격했다.'라는 떠버리 효과를 실천한 결과 최종적으로 합격을 했다. 내가 먼저 떠벌리고 나서 성취했다. 그때 성취감은 두 배로얻는다. 안 된다는 의심을 하면 효율은 떨어진다. 시작에 앞서, 된다는 생각으로 노력하면 결국 이룬다.

재직 후 6개월이 되었다. 나는 바로 재직증명서, 근로소득 원천징수영수증, 신분증을 들고 재차 방문했다. 1금융권인 주거래 우리은행에서 심사를 받았다. 다행히도 조건이 되어서, 4~5%로 대환 대출을 했다. 그때느낀 기쁜 기분은 말로 표현할 수 없을 정도였다. 취업에 합격했을 때보다더 기쁨을 느꼈다. 이 모든 절박한 상황이 나를 움직이게 했다. 결국 대기업으로 이직도 하게 되었고, 위태로웠던 신용등급도 많이 회복되었다.

처음부터 바로 극복했던 건 아니었다. 절박함 속에서 하루하루가 괴롭고 지쳐 있었다. 온전히 힘이 빠질 때, 혼자 의자에서 눈을 감고 부정적인 생각들을 멈추니, 스트레스가 풀렸다. 명상이 나에게 큰 도움이 되었다. 심리적 안정을 얻고 스트레스가 완화되며 나 자신을 되돌아보는 시간을 가질 수 있었다. 이때부터 나는 명상을 하며 안정을 되찾고 다음 계획을 세워 문제를 해결했다.

내가 해왔던 방법은 간단했다. 편안한 곳에 앉아서 눈을 감고 오로지 나의 소리에만 집중한다. 호흡에 집중했다. 들이쉬고 내쉬고 온전히 나에게 집중했다. 현재 내 상황, 환경을 생각하고 지금 내가 느끼는 감정, 상상들이 좋은 영향을 주는지 아니면 나쁜 영향을 주는지 생각하다 보면 어느 순간 마음의 안정을 찾게 되었다.

'그래, 어떻게든 상황을 극복해야지, 구체적인 꿈은 없지만 여기서 포기하면 나는 패배자로만 남을 거야.' 이런 시련은 나를 더 성장하게 했다. 이미 나는 어릴 적부터 더한 시련들을 견뎌왔고 극복하며 성장해왔기에 멘탈이 강했다. 나는 남들과는 다르게 이미 애어른처럼 생각하고 있었다. 가난을 극복하여 나 스스로 자수성가해서 행복하게 살겠다고 다짐했다.

나를 가장 크게 성장시켜줬던 계기는 바로 김도사의 『내가 100억 부자가 된 7가지 비밀』이라는 책을 읽게 된 것이었다. 책을 통해 나의 인생이 180도가 변했다. 제목과 표지에서 가장 끌렸다. '청년 백수! 어떻게 보란 듯이 성공할 수 있었나?' 나는 미치도록 간절하게 성공하고 싶었다. 여기서 나온 나의 상황이 너무 공감돼서 접하게 되었다. 책 내용 중 성장 과정이 나온다. 책을 볼 때 필기는 하지 않는데 이 책만큼은 온갖 펜들로 밑줄 치고 메모하면서 봤다. 이유는 가슴 아플 정도로 나보다 더 힘든 삶을 살았던 것에 공감했기 때문이다.

가장 마음에 와닿았던 문구는 이렇다. '나는 과거의 나처럼 힘든 상황에 있는 사람들의 삶을 변화시키는 일에 큰 보람을 느낀다.' 도대체 어떻게 하면 나도 김도사 저자처럼 선한 영향을 줄 수 있을까? 이 저자분을 한번 만나고 싶다는 생각에 책 속에 적혀 있는 카페 주소를 보고 들어가서 가입했다. 카페 대표이신 김도사는 25년간 250권을 출간하고 1,100명의 평범한 사람을 작가로 배출하신 대한민국 책 쓰기 특허를 받은 엄청난 사람이다.

실제로 주말에 시간을 내서 찾아갔다. 지금껏 다양한 사람과 부자들도 만나봤지만, 150억 이상의 자산가의 포스는 아직도 잊히지 않는다. 인생의 경험을 통해 얻은 값진 조언과 앞으로 삶의 방향성을 조언해주셨다. 사소한 부분까지 신경을 써주시면서 챙겨주시는 모습에 감동했다. 내가 닮고 싶은 롤 모델이었다.

김도사의 명언 중 "성공해서 책을 쓰는 게 아니라 책을 써야 성공한다!"라는 말이 있다. '책이란 성공한 사람들이 써야 한다. 나같이 평범한 사람들이 책을 어떻게 쓸 수 있을까?'라는 의구심이 들었지만, 그래도 도전하고 싶었다.

성공하고 싶다는 마음과 절박한 상황인 나에게, 도사님은 나의 사정까지 고려해서 책 쓰기 코치를 도와주기로 하셨다. 도사님은 항상 제자들에게 목숨을 걸고 코치했다.

지금의 나는 평범한 직장인에서 청년 작가로 변신해 퍼스널 브랜딩을 하면서 살고 있다. 이 계기로 인해 지난 살아왔던 시간을 돌이켜보며 앞으로의 마음을 다잡게 되었다. 마음속 한편 깊숙한 곳에 꿍꿍 앓았던 응어리가 사라졌다. 지금까지의 톱니바퀴 틀의 삶에서 벗어나게 해주고 인생의 지혜와 가치를 알려준 코치님이다. 나에게 도움을 주신 것처럼, 베풀면서 살고 싶다는 포부가 생겼다. 절망에 빠진 사람들에게 큰 희망을 주는 큰 꿈을 가지며 매일 성장하고 있다. 멈추는 삶이 아닌 빠르지는 않더라도 꾸준하게 성장하는 우리는 종이에 그림만 그릴 것이 아니라, 이제는 인생의 멋진 작품을 만들어야 한다.

MUST HAVE FIVE TOOLS

Dreams, Self-improvement, Stocks, Real estate, Exercise

20대에
꼭 알아야 할
5가지 **공부**

2장

자기계발,
꾸준히
하지 않으면
절대 성공할
수 없다

01

현실에
안주하지 말고
잠재력을 일깨워라

내 의지와 상관없이 나를 움직이게 하는 것은 돈이다. 월급은 아무리 게으른 사람도 아침 출근을 하게 만든다. 게으른 사람마저 부지런하게 만드는 힘이다. 그중 자신이 원해서 출근하는 사람들이 있을까?

열에 아홉 명은 출근 시작부터 퇴근을 생각할 것이다. 나도 마찬가지였다. 매일 반복되는 하루 일상이었다. 아침에 눈을 뜨면 가장 먼저 든 생각이 있다.

'다시 자고 싶다.'

'너무 피곤하다. 또 출근하러 나가야 한다니.'

이런 생각들로 하루를 맞이했다. 지금 생각해보면 사회생활을 5년 이상 해오면서 내 인생에 큰 변화는 없었다. 하루살이 인생이 되어가고만 있었다. 답은 나왔다. 열심히만 살아서는 안 된다. 열심히만 살아도 안 되는 이유는 무엇일까? 나는 생각은 많았지만, 실천을 제대로 한 적이 없었다. 나를 바꾸는 방법이 무엇이 있을까? 내가 좋아하는 명언 중에 "생각대로 살지 않으면 사는 대로 생각한다."라는 이 명언이 너무 공감되었다.

'나는 정말 사는 대로 생각하고 있구나.'라며 반성했다. 사는 대로 생각했던 생각은 너무 단순했다. 직장 생활을 하면서 경력을 쌓고 적금을 들고 퇴근하면 친구들이랑 놀면서 보냈다. 놀면서도 마음은 여전히 불안했다. 밤만 되면 걱정과 생각에 잠기고 답을 찾지 못하고 있었다. 하루하루 열심히 살아가는 기계였다.

우연히 본 문구 중 의문이 들던 게 있다.

"하늘은 견딜 수 있을 만큼의 시련만 준다."

나는 말도 안 된다고 생각했다.

'내 생황이 이렇게 힘든데 견딜 수 있는 시련만 준다고?'

'지금 나는 견디지도 못하겠는데 말이 되나?'

지금 돌아보면 나는 내 인생의 극한 시련들이 찾아오면, 죽을 만큼 힘들다고 생각을 했다. 이 생각들은 정신적인 생각이지, 육체적으로는 견디고 있었던 거다. 죽지 않은 한 나 스스로 견뎌내고 시련들과 싸워 이겨나가고 있었다. 그럼 도대체 시련은 무엇인가? 국어사전에는 이렇게 정의를 내렸다.

첫 번째, 겪기 어려운 단련이나 고비
두 번째, 의지나 사람됨을 시험하여 봄

'점점 더 성장할 수 있게 계속 어려운 임무를 주는구나!'
'이 시련들이 없었더라면 그냥 평범한 삶 속에서 지속하지 않았을까?'
'포기하면 편하지만, 패자의 인생이 되는 게 싫어서 그런 게 아닐까?'

나에게 좋지 못한 일들이 일어나면 '나에게 의지나 성공의 자질이 있는지 테스트를 하는구나.'라며 생각했다.

내가 사춘기 시절에 유일하게 즐겼던 게임이 있다. 게임을 하게 될 때만큼은 잡생각은 사라지고 즐겁고 행복했다. 공부도 안 하고 밤늦게 게임을 해서 어머니한테 혼도 많이 났다. 자연스럽게 커가면서 게임과는 멀어졌다.

돌이켜보면 어릴 적 게임을 통해서 나는 시련 속 피어나는 성장통을 극복하는 법을 배웠다. 메이플 스토리라는 게임이었다. 캐릭터 생성을 하면 첫 시작은 모험가로 시작을 한다. 최고 단계까지 도달하기 위해서는 1차 전직, 2차 전직, 3차 전직, 4차 전직 시험을 봐야한다. 처음 시작에는 가진 것 없이 시작하게 된다. 전직이라는 시험을 보기 위해서는 기준들이 있다. 그 기준치에 맞는 사람들만 원하는 직업을 선택할 수 있게 된다.

여기서 전직을 하기 위해 고비들도 많았다. 성장을 하다가 포기하고 싶을 때도 찾아왔고, 1차 전직에 성공하면, 다음 단계의 시련들은 훨씬 어려웠다. 그렇게 끝까지 해낸 사람들이 최고 단계까지 오른다. 나는 인생에 도움이 되지 않을 것 같던 게임에서 큰 깨달음을 얻었다.

우리가 성장하는 과정도 마찬가지 같다. 살아가다 보면 취직, 합격, 운, 선물 등 뜻밖에 좋은 일들이 찾아온다. 좋은 일들은 지속해서 일어나지는 않는다. 좋은 일이 있으면 반드시 시련들도 다시 찾아오기도 한다. 시련이 왔을 때 극복하지 못하면 상황은 악순환의 연속이다. 나는 게임을 통해 얻은 경험을 인생의 관점에 적용해봤다.

시간을 경험치로 비유를 했고 전직은 내가 얻은 깨달음이라고 생각을 해봤다. 시련과 고통은 퀘스트라고 생각을 바꾸었다.

수행자가 임무를 달성해야만 보상이 주어지는 것처럼 내가 살아가는 인생도 절대 그냥은 없다. 아무것도 하지 않고 얻을 수는 없다는 것이다. 인생의 관점을 바꾸니 내가 성장하는 사이클을 적용하게 된다. 돌아보면 결국 시련도 찾아왔고 그 순간을 극복해서 이겨내면 내공이 쌓이고 좋은 소식도 찾아왔다.

나는 상황에 따라 인생의 관점을 바꾸어서 보게 된다. 과거의 나를 돌아보면 순탄하게만 흘러가지는 않았다. 항상 극과 극이었다. 나에게 시련들이 찾아오면 생각의 관점을 바꾸기로 했다.

'나에게 시련들이 찾아왔네, 또 어떤 선물을 주기 위해 이런 고통을 줄까?'

악재가 찾아오면 나 자신과 싸움을 해왔다.

'준혁아, 내가 속을 줄 알지? 나는 어떻게든 이겨내. 내가 이 정도로 포

기할 거 같아?'

'나는 포기를 모르기 때문에 성공할 일만 남았어.'

혼자 스스로 되뇌면서 나 자신을 위해 최면을 걸었다. 피할 수 없는 시련을 이겨낸다면 성취감은 두 배로 얻을 것이다.

'피할 수 없으면 즐겨야 한다.'

누구나 아는 명언이 이제는 이해가 간다. 언제 찾아올지 모르는 고통의 시련이 찾아오면 관점을 한번 바꿔보길 바란다.

'시련아, 이제 왔니? 이번에는 뭘 줄려고 더 힘든 시련이 찾아왔을까?'
'나는 어차피 이겨낼 것이니 다음에 찾아올 시련이나 준비하고 있어.'

생각의 관점을 바꾸어 지금까지 성장할 수 있었다. 시련이 있었기에 성장할 수 있었다. 비극 같은 상황에서도 이겨낸다면 돌아보면 희극으로 남아 있을 것이다. 나 자신을 바꾸기 위해 생각을 실천으로 옮기자.

나는 앞으로의 성장들이 힘들 것이라는 사실을 알고 있지만 즐겁다. 이렇게 말하면 부정적인 시각으로 보는 사람이 분명 있을 것이다. 여러 분도 게임이나 고생해서 얻은 성취의 기분은 알지 않은가? 세상에는 그냥 얻는 것은 없다. 스스로 발전하는 자만 결국 빛을 볼 것이다. 이제는 나 자신의 잠든 잠재력을 깨워야 한다.

02

20대를 위해
자기 변화
플랜을 가져라

1년이 지날 때마다 새로운 계획을 세우거나 연말에 다짐한다. 시험 합격, 토익, 자격증 취득, 돈 모으기, 여자친구 만들기 등 다양한 목표와 꿈, 소망을 말한다. 그중 사람들이 이루는 소망은 몇 가지가 될까? 한 해가 끝나가게 될 때 '시간만 흘러가고 결국 이룬 게 없네.'라며 아쉬운 소리를 한다.

그만큼 시간에 쫓기면서 살아간다. 남자들은 군대 시절 때 '매일 시간이 안 간다, 전역 날은 올까?' 다들 공감을 할 정도로 이런 말들을 하곤 한다. 전역 후 뒤돌아보면 멈춘 시간도 결국은 흘러가버렸음을 알 수 있다.

우리는 과거라는 시간을 돌이킬 수 없는 시간 속에서 바쁘게 살아간다. 현재의 삶에 만족하는 사람들은 극소수다. 사람마다 예외는 있다. 하지만 지역마다 생활 수준 환경에 영향은 미친다. 누구나 마음 한편에는 다들 소망이나 바람들이 있지만 행동하기 전 핑계들이 방해한다. 예를 들어 자신이 원하는 직업이나 목표가 있으면 된다는 생각을 해야 하는데 '취업이 어렵다, 나는 안 될 거야.'라며 시도하기 전에 앞서 핑계부터 찾게 된다.

안 된다는 생각보다 '어렵다, 안 된다.'에서 '된다, 할 수 있다.'라고 바꿔서 말해보자. 만약 당신이 이런 부정적인 핑계들이 먼저 떠오르게 된다면 다시 한번 점검했으면 좋겠다. 핑계는 자신감을 낮추고 성공과는 멀어지는 삶을 살게 하는 안 좋은 요소다.

심리학자, 교수, 동기 부여와 개인적 성장 분야의 베스트셀러 작가인 웨인 다이어가 한 말 중 가장 인상 깊었던 명언이 있다.

"잘될 거라고 믿으면, 기회가 보일 것이다. 잘 안 될 거라 믿으면, 장애물을 보게 될 것이다."

우리 삶에 언제나 좋은 일들만 오지는 않는다. 좋지 않은 일들도 생기고 생각지도 못한 돌발 상황도 발생한다. 처음에 이런 일들이 오면 '아 왜 이런 일들만 생기는 거야, 왜 이렇게 안 되는 거야.'라며 생각한다.

이런 생각이 들 때 해결하려는 생각보다 '하기 싫다, 안 된다.'라는 부정적 생각이 얼굴에서까지 표출이 된다. 우리는 자신도 모르는 사이에 계속해서 장애물을 스스로 만드는 것이나 다름없다고 생각한다. 어차피 일어난 일이니 웨인 다이어 말대로 '그래 포기하지 말자, 난 할 수 있다.' 스스로 바로잡으면 시간이 들더라도 결국 해결하거나 더 나은 상황이 일어 날 수 있다는 믿음을 갖도록 하자.

여러 실패는 성공으로 바꿀 수 있는 길이 된다. 나 자신에게 스스로 상처를 주지 말자. 우리는 사랑 받기도 부족한데 나에게 스스로 욕을 하여 고통받을 필요는 없다. 주변에서도 걱정과 고민이 많은 친구에게 연락이 종종 온다. 친구의 사연을 들어보면 대부분 사연은 비슷하다.

"준혁아, 왜 이렇게 일이 풀리지 않냐?"
"계속 회사에서도 짜증이 나는 일들만 가득해. 이럴 때 어떻게 해야 해?"

그 친구는 항상 욕을 달고 살며, 살아가야 하는 이유 없이 방황하는 삶을 살아가는 친구 중 한 명이다. 내가 보기에, 이 친구는 매사 얼굴이 어둡고 대화를 해보면 부정적인 생각들만 가득했다. 오히려 내가 힘이 빠질 정도로 부정적인 시선으로 세상을 바라봤다.

한때 나도 세상을 부정적으로 바라봤을 때가 있었다. 그 상황을 극복하기 위해 노력을 하니 상황은 점차 나아졌다. 내가 겪은 상황들을 스스로 해결하면서 얻은 내공을 그대로 주입시켜줬다.

"많이 힘들지? 네가 얼마나 힘들었으면 나한테 고민을 털어내. 너 심정 잘 알겠다. 내가 너에게 힘내라는 말은 도움이 크게 되지는 않겠지? 하지만 네가 이 상황에서 스스로 극복하지 못하면 지금 겪는 시련들은 나아지지는 않더라."

진정성 있게 경청해주고 도와주려고 노력을 했다. 나도 시련들을 겪었을 때 느낀 감정들을 잘 알기에 공감을 형성하고 나아갈 수 있는 방향을 제시해줬다. 시간이 지나 그 친구는 스스로 잘 극복할 수 있게 되었다.

결국 시련은 나를 이겨내라고 말해주는 느낌이다. 이겨내라고 말해주는 느낌이다. 이런 내공들이 쌓이면 점점 성장하게 된다. 과거에는 '노력도 해보지 않고 자수성가하겠다'는 이런 말도 안 되는 생각을 했다. 성공하려고 해도 노력과 기본적인 태도가 되어 있지 않다면 성공과 반대되는 실패를 일으킨다. 노력과 지식도 없이 시도하게 된다면 맨땅에 헤딩하는 거나 다름없다.

"세상일은 오로지 마음먹기 달려 있다."

일체유심조(一切唯心造)의 고사성어가 있다. 일체유심조와 관련해 자주 인용되는 것이 신라의 고승 원효와 관련된 얘기다.

원효 대사가 당나라 유학길에서 밤중 목이 말라 물을 맛있게 먹고 갈증을 해소했다. 밝은 날 그것이 해골에 담긴 물이라는 걸 알고 구토를 하게 된다.

"해골에 담긴 물은 어젯밤이나 오늘이나 똑같은데, 어제는 맛있는 물이었으나, 오늘은 구토하게 되는가? 어제와 오늘 달라진 건 내 마음일 뿐이다. 이 사실로 깨달은 건 같은 사실에 대해 어떤 사람은 고통스럽게 느끼는데 또 다른 사람은 평안하게 느낄 수가 있네! 문제는 외부에서 오는 게 아니라 바로 내 마음 안에 있구나."

이처럼 20대에 필요한 건 결국 자기 스스로가 통제하고 옳고 그름을 판단하는 힘을 기르는 것이라고 생각한다. 나 자신조차 스스로 결정하지 못하고 안 된다는 생각 등 부정적인 시각으로 삶을 바라보면 원하는 인생과는 멀어지게 되고, 부의 추월차선을 타고 가기는 커녕 후퇴하는 삶을 맞이한다는 것이다. 20대 청년으로서 누군가에게 조언해주거나 그런 그릇이 되려면 아직 멀었다. 그런 그릇이 되기 위해 꾸준하게 지속해서 성장 중이다. 분명 좌절과 시련을 겪고 자신을 깎아내리는 사람들도 봐왔다.

지금보다 더 성장하여 나는 라이프 코치가 되고 싶다. 여러 가지 자기계발과 직접 경험을 통해 계속해서 나만의 계획을 세우고 있다. 계획이 있으면 스스로 목표를 이룰 것이고 앞으로 꾸준하게 나아갈 것이다. 모든 상황은 시간이 지나면 과거로 남는다. 과거에 계속 머물러 있으면 상황은 악순환이 될 것이다. 과거에서 벗어나 자기 자신의 인생을 살아가야 한다.

살아가면서 늘 자기 컨트롤이 중요하다. 자기 자신을 컨트롤하고 규칙적인 생활을 해야 곧 성공하는 습관을 갖추게 된다. 처음부터 습관을 잡을 수 없다.

늘 규칙적이고 자기 관리를 철저히 해서 운동선수가 현역에서 40세가 넘어도 뛰는 것처럼 특출난 재능은 아니더라도 자기 관리를 잘해야 한다. 나는 늘 규칙적이고 늘 자기 관리를 잘해서 규범을 지키는 삶을 살기로 다짐했다. 기복이 많은 운동선수의 경우 반짝하지만, 아주 특출 나진 않더라도 20년 꾸준하게 선수 생활을 한 사람이 큰돈을, 오히려 더 큰 커리어와 업적을 쌓기도 한다. 나 역시 꼭 대단할 필요보다 늘 기본에 충실한 것을 더 중요시 생각한다.

그것이 오히려 나의 장점이라고 생각한다. 늘 윗사람에게 잘하고 윗사람의 도움을 받을 수 있도록 잘하게 되면 다시 나에게 돌아온다. 대인 관계를 중요시 여긴다. 자기가 한 행동은 부메랑처럼 다시 돌아와 본인에게 좋은 것으로 돌아온다. 나는 이 2가지를 중요하게 생각한다. 규칙적이고 자기 관리를 잘하고 규범적인 생활, 그리고 윗사람과 아랫사람이랑 잘 지내는 일을 솔선수범하여 사람들에게 모범의 표본이 된다면 성공에서 가장 큰 원동력을 얻을 수 있다고 생각한다.

03

분수에 맞게
살아야 한다는
생각을 버려라

우리 집안은 투자와는 완전히 거리가 멀었다. 사업 부도로 인해 사실상 투자할 여유도 없었다. 한번 큰 실패를 겪었던 환경에서 세 자녀를 키우면서 투자한다는 것이 현실적으로 불가능했다. 지금 생각해보면 내가 멀쩡하게 자란 것도 대단하다. 그 이유는 어려운 환경에도 불구하고 부모님이 포기하지 않고 나를 길러주셨기 때문이다. 그러다 보니 우리 집은 투자, 경제에 대해 거리가 멀어질 수밖에 없었다. 현실주의 삶으로 살아갈 수밖에 없는 것이다. 나는 항상 이 틀에서 벗어나고 싶었다. 혼자 이 틀을 깨부시고 싶다는 생각과 부자들은 어떤 생각을 가지고 있는지 관심이 많았다. 아무리 우리 집이 사업부도가 났다고 해서 내가 사업을 하면 안 된다, 투자는 위험하다 이런 말은 다 핑계다. 나는 금융문맹이었다. 금융문맹에서 벗어나고 싶어 정말 부지런하게 공부했다.

어머니께서는 늘 이런 말씀을 많이 하셨다.

"옷 좀 그만 사고 열심히 저축해라."
"이제 나도 성인인데 내가 알아서 할게!"
"에휴. 최 씨 고집은 누가 말리냐?"
"한 번 사는 인생인데, 꼭 성공해서 멋진 삶을 사는 것을 보여줄게."
"야. 분수에 맞게 좀 살아라. 항상 뜬구름만 잡는 것 같다. 직장인이면 저축하면서 열심히 살아야지. 성공이 쉬운 줄 아냐? 그냥 돈 모아서 청약으로 아파트나 사!!"

사실 나는 어머니 마음을 다 이해한다. 걱정되고 내가 어릴 적 공부랑은 거리가 멀어서, 나를 믿지 못하는 게 당연하다. 어머니 말은 이해한다. 뜬구름을 잡다가 피해도 봤고, 항상 옳은 말씀을 했다. 가족과 주변으로부터도 무리하지 말고 현재에 만족하며 살아가라는 말도 많이 들었다. 나 자신과 스스로 대화를 나눴다.

'내가 원하는 것이 뭐지?'

'지금 이 삶에 만족해?'

'이렇게 살 수는 없어!'

나를 만든 환경에서 한계를 두고 그 안에 갇혀 살았다. 지금 돌아보면 20대 초반에는 열심히 살았다고 착각했다. 일만 열심히 해왔지, 퇴근 후에 힘들다는 핑계로 쉬기 바빴다. 지금 삶이 힘들더라도, 누가 뭐래도 반드시 성공하겠다는 목표가 있었다.

무스펙, 무일푼에서 시작해 독서로 인생이 바뀌었다. 어릴 때 어머니가 책 좀 읽으라고 많이 하셨다. 나는 독서랑은 거리가 멀었다. 기껏 재밌게 봤던 책은 만화책이었다. 성인이 된 후 나를 발전시키기 위해서는 돈 공부, 경제, 투자 공부, 독서를 해야만 부자가 될 수 있다고 생각했다. 책을 사러 교보문고를 간 적이 있었다. 입구에 '독서 토론 포스터'가 있었다. 이제 막 책 읽기를 시작했던 나는 그 포스터를 보면서 많은 고민이 들었다. '한번 참여할까?'라고 수도 없이 생각했다. 고민 끝에 '그래, 한번 해보자, 가면 배울게 많을 거야.'라며 자신감이 생겼고 바로 갔다.

가보니 직업과 연령대가 다양했다. 자신이 읽은 책을 읽고 소감을 발표하는 모습을 봤는데 말을 너무 잘했다. 점점 내 차례가 다가올수록 긴장이 되었다. 처음 토론하는 것이라서 발표 후 내가 무슨 말을 했는지 기억나지 않았다. 마음은 홀가분했다.

독서 토론을 통해 나 자신의 부족한 점을 알게 된 시간을 가질 수 있게 되었다. 내가 처음으로 시작한 독서는 '경제', '자기계발', '재테크 투자' 등에 관한 것으로 이 분야를 많이 읽고 있다. 성공한 사람들의 경험과 배움을 간접적으로 얻을 수 있다. 성공한 사람들의 공통점 중 하나는 독서를 강조한다. 세계적인 자동차 기업 테슬라의 CEO 엘론 머스크도 CEO가 되기 전부터 하루에 10시간 동안 공상과학소설을 계속 읽었다고 한다. 기계에 관한 방대한 지식을 어디서 얻느냐고 묻자, 그는 책을 많이 읽는다고 간단하게 말했다. 그만큼 독서의 중요성이 드러난다.

현재 책을 쓰면서 느낀 점이 있다. 책을 쉽게 접하지만, 책 만드는 과정에는 오로지 열정과 진정성이 담겨 있다는 것이다. 책 한 권에는 한 사람의 지식과 생각들이 온전히 드러난다. 우리가 쉽게 접하지 못하는 사람들의 지식을 책으로 경험할 수 있다. 100억 이상의 자산가들 내공을 1~2만 원이면 살 수 있다. 이보다 좋은 투자는 없다고 생각한다. 2만 원이 되지 않는 돈으로 성공한 사람의 내공을 접할 수 있는 것은 엄청난 행운이다. 당신이 만약 성공한 사람들을 직접 만나서 내공을 듣는다면 얼마의 비용인지 알고 있는가? 아무리 못해도 시간당 최소 100만 원 이상이다. 참고로 로버트 기요사키, 브라이언 트레이시, 롭 무어 등 해외에 있는 유명한 사람들은 쉽게 만날 수 없다. 우리가 경험하지 못하고 만날 수 없는 사람들의 내공을 우리는 책을 통해 알 수 있다. 독서는 떼려야 뗄 수 없는 성공을 위한 도구다.

스무 살에 읽었던 책이 나의 꿈을 포기하지 않게 했다. 회사 기숙사에 있던 책 중 이지성 작가의 『꿈꾸는 다락방』에 나오는 "당신의 꿈을 시각화해서 생생하게 꿈꾸고 글로 적으면 현실이 된다."라는 문구에 호기심이 생겨서 계속 읽게 되었다.

여기서 꿈의 공식이라고 'R=VD'라는 것이 있다. 당신의 꿈을 시각화하라는 뜻이다. 만일 당신이 마음의 눈으로 이미 성공한 모습, 이미 이룬 상황을 시각화해볼 수 있다면, 실제로 그런 일이 일어날 가능성이 높아진다. 이미 성공한 모습을 마음속으로 생생하게 그리는 습관은 목표를 달성하는 가장 강력한 수단이라고 한다. 처음에는 '정말 꿈을 글로 적으면 현실이 될까? 한편으로는 정말 될까?'라고 의문을 품었지만, 그냥 실천해보기로 했다. 틈틈이 다이어리에 나의 목표와 꿈들을 적어가며 하루 일상을 글로 담았다.

6년 전부터 적었던 나의 꿈과 목표가 담긴 다이어리를 가지고 있다. 전부 다 이루지는 못했지만, 전보다 나 자신이 발전하고 있었다. 과거를 돌아보면 한없이 부족했다. 과거에는 느끼지 못했다. 지금 보면 꾸준하게 꿈과 목표를 적는 사소한 습관이 만든 현재 결과를 보고 있다. 이제 나의 목표와 꿈은 다이어리 기록에서 끝이 아니다. 나의 글을 책으로 담고 있다.

꿈과 목표에 대해서 적기만 해왔다. 지금은 꿈꾸는 삶이 아닌 꿈을 이뤄가면서 살아간다.

책을 읽던 독자에서 책을 쓰는 저자로 코치해주신 '한책협'의 김태광 대표님 다시 한번 감사드린다. 이제 6년간 다이어리에 적었던 내용 중 하나를 공개하자면, 나만의 책 만들기도 있었다. 꿈이 하나씩 현실이 되는 경험을 했다. 바닥이었던 현실에서도 성취하고 있다. 아무리 힘든 상황에 처해 있는 사람이라도 꿈을 가져야 한다고 말하고 싶다.

'오늘 내가 죽는다면 과연 누가 슬퍼해줄까?' 가끔 이런 생각을 해본다. 나의 죽음은 잠깐의 슬픔으로 끝나거나 또한 시간이 지나면 잊힐 것이다. 과거에 나를 내려두고 오늘의 나를 위해 최선을 다하는 것이다. 인생에는 정답도 없고, 한계도 없다. 지금 시간 중에 한 번은 나를 기록하기로 했다. 과거에 계속 머물지, 미래를 위해 발전할지, 선택은 자신에게 달려 있다. 글을 쓰면서 느낀 것이 많다.

시간이 지나면 기억은 흐릿해진다. 아무리 힘들고 괴로웠던 시절들이 있었지만, 결국 점점 희미하게 사라졌다. 좋은 추억들, 경험들마저. 우리에게 시간은 돈 주고 살 수 없는 가치다. 내 자신이 잊히기 전에 나 자신을 기록하고 싶었다. '나중에 남는 자산은 무엇일까, 돈이 전부가 될까?' 아직 정답은 찾지 못했다. 한 가지 확실한 것은 글을 쓰면서 나를 돌아볼 시간을 가질 수 있다는 점이다. 과거에 대한 집착과 고통을 내려두고 나를 위한 시간에 투자하는 것이 어떨까? 꿈이 없던 내가 지금은 주변 사람에게 동기 부여도 주면서 희망을 찾아가고 있다. 누가 뭐래도 한 번 사는 인생, 자신을 한계에 가두지 말길 바란다.

04

내가 주체가 되는
삶으로
환경을 바꾸라

"우리의 수준은 어울리는 사람들의 수준을 벗어나기 어렵다."

사업가이자 동기 부여 강연가 짐 론의 말이다. 자주 만나는 사람의 평균값이 자기 자신이라는 뜻이다. 짐 론의 말에 따르면 나의 주변 평균값이 자신이라고 한다. 나도 한번 나의 주변의 사람들의 평균값을 계산해봤다. 내가 사는 지방에서는 사업, 장사하지 않고서 평범한 회사원으로 버는 월급은 한계가 있다. 나는 너무 궁금해서 임금 직무 정보시스템에 들어가 조회했다. 결과에 따르면 나이 25~29세에 받는 평균 연봉이 3,000만 원 초반으로 나온다. 내가 생각하고 계산했을 때 평균 월급이

200~300만 원의 수준이라고 한다면 돈의 노예에서 벗어날 수 없다고 생각한다. 문제는 취업도 쉽지 않고 평균에도 못 미치는 경우가 대다수라는 것이다. 그만큼 2030세대는 힘들다는 것이다. 예외도 있을 수 있지만, 평균적으로 대부분 이렇다.

우리는 치열하게 열심히 살아간다. 성공하고 싶고 부자가 되고 싶다는 생각은 누구나 한 번쯤 하고 살아간다. 친구들과 만나면 어릴 적에 풋풋하던 시절의 모습은 온데간데없고 성인이 된 청년들이 자본주의 세상에서 점차 자신을 잃어가며 사는 모습을 보게 된다. 내가 또래 친구들이랑 대화하다 보면 밝은 에너지는 점차 흐려지고 걱정, 불안에 쫓기며 살아가고 있음을 흔하게 보게 된다. 돈 걱정, 취업 걱정 등이 청년들이 달고 사는 고민거리들이다. 친구와 만나면 이런 말을 주로 듣는다.

"하. 로또 1등이나 당첨됐으면 좋겠다."
"로또 되면 뭐 하려고?"
"당장 회사부터 퇴사해야지!"

이런 말들이 오간다. 그만큼 현재 처한 환경에 다들 불만족한 삶이 지속되고 있음을 알 수 있다. 돈을 모아도 자꾸 어딘가 구멍이라도 났나? 자꾸 새어 나가고 악순환의 연속이다. 이런 환경 속에 나의 환경을 바꾸기 위해 끊임없이 갈망했다. 친구들이 이런 모습들을 보고 나에게 말했다.

"직장도 있는 놈이 왜 이렇게 무리하면서까지 사는 거냐?"

친구들이 이렇게 말해도 나는 나의 길을 개척해 왔다. 누가 뭐라고 하더라도 상관없다. 이렇게 말해주는 사람에게 고마운 마음뿐이다. 힘든 환경 속에서도 나는 희망의 끈을 놓지 않았다. 내가 부족한 부분을 채우도록 도움을 주는 사람을 만나려 노력했고, 주변 환경을 나에게 영감을 줄 수 있는 사람으로 바꾸는 노력을 했다. 우리 환경에서는 가장 큰 영향을 받는 게 '사람'이라고 한다. 내가 살면서 몰랐던 깨달음을 전달받을 수 있다.

20대에는 배우는 것에 투자해야 한다. 아직 직접 경험하지 못한 많은 일이 기다리고 있다. 아무 생각 없이 막연하게 준비하면 앞으로의 변화는 없다. 나는 19세 때부터 지금까지 쉬지 않고 달려왔다. 주변 환경을 바꾸려 하지 않는다면 과거와 똑같은 삶이 지속될 것이다. 나를 위해 발전하고 자기 자신에게 투자한다면 비록 시간과 노력이 들 수 있지만 모든 경험이 전부 내공으로 쌓인다. 경험이 쌓이고 내공이 쌓였을 때 지금보다 더 성장할 것이다. 부자들이 하는 사소한 습관부터 시작해보자.

'내가 이런 시련 속에서도 열심히 살아야 하는 이유를 말할 수 있어?'라고 물어본다면, 나는 지금은 말할 수 있다. '힘든 시련 속에서도 극복했다.' 누구나 힘들고 어려운 상황을 겪는다는 것을 잘 알고 있다. 열심히 살아와도 환경이 바뀌지 않는다면 더 비극적일 것이다. 정답은 없지만 내가 극복해오면서 느꼈던 것은 시련이 찾아오는 데는 반드시 이유가 있다는 것이다. 돌아보면 모든 근본적인 원인은 외부의 환경에서 오는 것이 아니다. 나 자신에게서 시작되는 것이다.

만약 당신이 "진짜 네가 시련을 겪어보기는 했냐? 네가 나의 사정을 알아?" 이렇게 생각할 수 있다. 나도 마찬가지로 그렇게 생각했던 사람 중 한 명이었다. 나에게 시련이 찾아왔을 때 "왜 나에게만 이런 시련이 오는 거야?"라며 세상을 부정적으로 본 적도 있다. 당연히 좋은 일만 오면 더 좋긴 하다. 지금 돌아봤을 때 내가 해야 할 방향성에 관해, 어떤 삶을 살아야 할지 많은 생각을 한다. 모든 시련이 쌓이고 극복하는 과정에서 얻은 깨달음이 내가 주체가 되는 삶을 살아가는 시발점이다.

나도 시련들을 겪으며 나보다 더 극한 상황에 있는 사람들을 만나면서 소통을 하다 보면 내가 위로를 받는다. 힘든 상황 속에서도 도와주고 싶다는 마음이 든다. 남의 일 같지 않고 그 감정선을 잘 이해하고 공감할 수 있기 때문이지 않을까? 때로는 즐거운 날, 유쾌한 날, 우울과 슬픔, 짜증과 불쾌함 등 다양한 감정 곡선이 찾아온다. 이 모든 감정을 스스로 조절해야지만 건강한 마음가짐을 가지고 살아갈 것이다. 나는 가까이 있는 주변 사람들에게 큰 힘은 되어주지 못하더라도 이런 말을 들었다. "덕분에 고마워. 그래도 네가 있기에 힘이 난다." 나는 크게 물질적으로 도와주지는 못한다. 하지만 사람들의 심리 상태를 느낄 수 있다. 나는 솔직히 많은 인생을 살았던 것은 아니지만 다양한 감정 곡선과 그 상황에 맞는 경험을 수도 없이 겪어봤다. 이 경험을 토대로 사람들이 하는 말을 진정성 있게 공감해주고 이해하려고 노력한다. 설사 내가 힘들고 지친다고 해도 "너만 힘드냐? 나도 힘들어. 원래 인생은 다 누구나 힘든 거야." 이렇게 하소연하는 사람들에게 절대 부정적인 말을 하지 않는다. 그 사람은 분명 마음의 한편으로는 SOS를 그냥 습관처럼 내뱉는 말이 아닌 긴급한 상황일 수도 있다.

내가 나를 바꾸기 위해 살아가는 모든 이유가 들어가 있다. 세상 사람들은 돈, 건강, 마음의 병, 꿈 등 여러 가지 다양한 걱정 속에서 인생을 살아간다. 누구한테 말할 수 없고 혼자만 마음속에 끙끙 앓고 있는 사람도 분명히 있을 것이다. 걱정은 또 다른 불안을 끌어당긴다. 멘토와 책을 접하게 된 후 그분들의 영향력으로 인해 나도 나의 환경 탓에 얻었던 마음의 병들을 극복하고 나답게 살아가고 있다. 나의 경험과 지식이 쌓이면 나와 같이 어려움을 겪고 있는 사람들과 방황하는 사람들에게 도움이 되어주고 싶다. 누군가에게는 따뜻한 마음이 한 사람의 차가운 마음을 녹여줄 수 있다는 것이다. 그로 인해 좋은 일들이 나에게 온다는 것을 알았다. 내가 선한 마음으로 베풀면 그 일들이 다시 나에게 돌아온다. 욕심을 부리면 나중에 언젠가는 벌을 받을 것이다. 마음씨가 착해야 좋은 일도 생긴다. 한 사람이 조금이라도 힘을 얻었다면 그때의 기쁨은 절대로 잊지 못할 것이다. 나는 방황하는 20대들에게 큰 변화를 바란다면 환경을 바꾸라고 권하고 싶다.

05

인공지능에게
대체되지 않는
나를 만들어라

불과 10년도 안 되는 사이에 세상은 너무 빠르게 변화하고 있다. 내가 어릴 적 누렸던 소중한 추억들이 점차 사라지고 우리는 인공지능에 지배당하고 있다. 내가 어릴 때는 놀이터나 학교 운동장만 가도 신나게 놀 수 있었다. 지금은 놀이터를 가도 아이들이 놀고 있는 모습은 보기 힘들어 졌다. 대부분 스마트폰을 만지면서 보낼 것이다. 이제 4~6세도 안 된 아이들도 스마트폰을 접하게 된다. 디지털미디어의 화면을 오래 보거나 자주 보는 것은, 아이가 사람들과 보낼 수 있는 시간이 그만큼 줄어든다는 것을 의미한다.

인공지능들이 점차 발전하면서 한편으로는 사람 간의 소통이 점차 줄어들고 있다. 스마트폰이 없던 시절에는 친구들과 뛰어놀며 밖에서 보내는 시간도 많았다. 과거와 다르게 현재인 지금 코로나19 사태까지 겹쳐서 주변을 다녀도 차가운 느낌이 든다.

지금은 일상화가 되어버린 카카오톡으로 의사를 주고받는 시대다. 내가 중학생 때 초창기에 생겼다. 그때는 카카오톡이 이렇게 활성화될 줄은 몰랐다. 한편으로는 편하기도 하지만, 지금은 온라인 시장이 커진 만큼 사람 간에 소통도 말보다는 온라인으로 주고받는 경우도 많아졌다. 가면 갈수록 인공지능이 발달하면서 우리의 일상은 편해진다. 과거에는 전혀 없었던 일들이 현재는 점점 실현되고 있다. 각종 질병도 인공지능들이 대처해도 될 만큼 기술력들이 좋아졌다고 한다. 그뿐 아니라 자동차도 자율주행 기능도 생기기 시작했다. 우리가 일상적으로 자주 이용하는 편의점, 카페에 AI 로봇까지 도입되고 있다. 심지어 무인 점포들도 많이 늘어나고 있다. 생활 속에서는 점차 편리화되는 것 같지만, 실업자들은 가면 갈수록 늘어난다는 점이 문제다. 제조업에서는 자동화 시스템으로 구축되면서 단순 반복적인 업무들은 점차 사라지고 실업자들은 크게 증가할 것이다.

최근 공개된 정부 보고서에 따르면 AI 등 디지털 기술의 대체로 일자리를 잃을 사람이 향후 10년간 700만 명이라고 한다. 우리나라 노동자

2,300만 명 중 3분의 1에 해당하는 수치다. 점차 실업자는 늘어나고 저임금으로 고통을 받게 될 것을 예고한다.

그만큼 우리도 미래를 위해 준비를 해야 한다. 우리 직업은 평생 안주할 수가 없다는 것이다. 나는 가끔 이런 생각이 든다. 지금은 아니더라도 나중에 먼 미래에 AI로 대체하게 돼서 희망퇴직 통보를 받는다면, '그동안 열심히 살아왔는데 남는 것이 무엇일까? 허탈함이지 않을까?'라고 생각한다. 그동안 무엇을 위해 달려왔을까? 어쩌면 내가 기계가 되어가고 있던 거 같다. 나는 사람이고 감정이 있는데, 단지 돈을 벌기 위한 생존 게임을 해야 한다는 게 참으로 마음이 아프다. 사회 초년생 시절에, 상사가 했던 말이 생각난다.

"내가 회사를 오래 다니면서 느꼈던 것은 인생은 다 부질없더라."
"치열한 사회 속에서 대학도 다니며 공부도 하고 열심히 살았는데 아무리 직급을 가져도 의미 없다."

이 말을 들었을 때 이런 삶이 반복된다면, 어쩌면 내가 기계가 되어가는 게 아닐까? 이대로 가다가는 나의 미래는 안 봐도 뻔하다. 내가 앞으로 무엇을 준비해야 하나? 요즘 들어서 부쩍 이런 생각이 많이 들었다. 이제는 단순하게 일만 잘해도 안 되는 시대다. 현실에 안주하고 있을 때 세상은 그보다 더 빠르게 변하고 있을 것이다.

나는 사수의 말에 다시 한번 생각을 깊게 하게 된다. '앞으로 무엇을 위해 살아가야 할까?' 현실 속 기계로만 살아가는 것이 아닌 인간으로 감정이 있는 사람으로서 가슴 뛰는 열정으로 나답게 살아봐야겠다.'라며 다짐했었다.

취준생은 가면 갈수록 취업은 더 힘들어진다. 일자리 감소 우려에 대해 늘 대비를 해야 한다. AI로 대체되는 것들이 지금보다 더 많아질 것이다. 4차 산업혁명이라는 말을 창시한 클라우스 슈밥이라는 사람도 일자리 문제에 대한 대책을 확실히 세워두지 않으면 냉혹한 결과가 나올 것이라고 말했다.

미래에 항상 걱정이 많은 친구랑 시간이 되면 주로 카페를 간다. 보통 친구랑 만나면 일상적인 이야기를 한다.

"야, 앞으로 코로나19로 인해 온라인 시장이 진짜 더 커질 것 같아."

"그러게, 세상이 너무 빠르게 변화되고 있어. 이제 음식이나 식자재까지 쿠팡으로도 배송할 수 있잖아."

"와, 진짜 앞으로 온라인 시장이 진짜 많이 발전하겠는데?"

"그렇지, 이제 소상공인들도 코로나19 타격이 컸는데, 요즘 보니깐 라이브 커머스도 하던데?"

"그만큼 세상 진짜 짧은 기간에 좋아졌네."

대화하면서 진짜 세상이 빠르게 변하고 있다는 것에 놀라웠다. 예전에는 음식이나 각종 쌀 등 식료품이 필요하면 마트 가서 구매하고 했는데 이제는 스마트폰 하나면 엄청 편리한 시대가 왔다. 금융의 기능도 저축, 대출, 보험 가입, 투자 등 이 모든 업무가 예전에는 방문해야 했다면, 지금은 스마트폰 하나면 충분히 해결된다. 무서울 정도로 스마트폰이 사람 대신 일 처리를 하는 인공지능 시대가 계속 발전하고 있다는 것이다. 처음에는 이렇게 변화되는 세상에서 잘 느끼지 못했다. 가끔 친구가 나에게 하는 말이 있다. 바로 회사에 관련된 이야기다. 친구가 나에게 말했다.

"앞으로 우리 회사는 점차 자동화 기계가 들어오게 되면 인원을 감축시킨다고 하네."

이 말을 들었을 때 남 일 같지 않았다. 이 말을 듣고 회사는 절대 미래의 나를 보장할 수 없을 것이라는 생각이 들었다. 현재의 삶에 안주하면 안 되겠다고 느꼈다. 나도 같은 직장인으로서 인공지능에 지배당하지 않기 위해 미래를 준비해야 한다고 생각했다. 지금의 나는 직장인이지만 N잡러로 활동 중이다. 회사 외의 시간을 잘 활용만 한다면 새로운 도전을 할 수 있다. 인공지능이 절대 따라 할 수 없는 것, 우리에게는 감정이란 게 있다. 나를 진정 사랑하고 나 자신을 솔직하게 대하며 살아가면 분명 앞으로도 더 빠르게 성장한다. 여태껏 항상 후회를 많이 하며 살아왔다.

경제적으로도 쪼들려가며 비극적으로도 살아봤다. 나는 기계처럼 감정 없이 살아가기는 싫다. 나 자신이 지배되는 삶을 살지 않기 위해서 로봇이 대체할 수 없는 사람의 마음을 움직이는 사람이 될 것이다. 나의 인생 경험을 통해 얻은 감정과 깨달음은 인공지능이 대체할 수가 없다. 내가 바라보는 세상을 앞으로 더 열심히 살아가기 위해 나는 방황하는 사람들에게 희망을 주는 라이프 코치가 되어주고 싶다.

아직은 많이 부족할 수 있다. 하지만 여태껏 성장하면서 변화해왔고 힘든 사람들을 많이 도와주면서 뿌듯함을 느꼈다. 매시간 성장 중이다. 지금은 성장하는 과정이 즐겁다. 지금 하는 5가지의 성장을 글로만 남기는 게 아닌 온라인 시장인 유튜브를 시작할 꿈도 갖고 있다. 책 속에서 끝이 아닌 계속 성장하는 모습을 보여주고 싶다. 시간이 지나도 기억이 될 만한 가치는 결국 나를 기록한 일상들이다. 앞으로 내가 해왔던 모든 좋은 경험을 이 책을 집필하는 일이 끝난 이후에도 변함없이 사람들과 함께 소통하면서 지내고 싶다. 인공지능이 대체할 수 없는 것은 사람의 마음이다. 결국 청년들이 좌절, 실패, 불안, 포기 등을 원하지 않고 희망을 원하기만 한다면 절대 변하지 않을 것이다. 힘들 때는 혼자 끙끙 앓는 것보다 누군가와 함께한다. 나는 여태껏 혼자 견뎌왔지만, 사람의 여러 가지 고충은 인공지능이 대체할 수는 없다. 즉 인공지능에 지배당하지 않고 나를 위해 발전하는 가치 있는 시간에 투자를 쏟아야 한다.

06

스킬보다
프로의식을
먼저 갖춰라

막연하게 장사를 하는 사람들도 많아지고 있다. 직장인의 삶 속에서 자유를 느끼지 못하고 퇴사를 하고 장사를 준비하는 경우가 많다. 나는 장사와 투자를 병행으로 하시는 사장님을 만나 1년간 장사에 대해 배웠다. 대부분 사람은 장사에 있어 이익을 내는 것이 우선이라고 생각하는 경향이 있다. 이에 대해서 내 생각은 다르다. 내가 가장 중요하게 생각하는 것은 영업이다. 쉽게 말해서 손님을 알아야 한다. 손님을 만족시킬 줄 안다면 장사는 결국 어떤 장소에서 하든, 코로나가 오든 도망하지 않는다. 내가 배웠던 사장님의 사업장 위치는 상당히 불리한 조건이었다. 남들이 쉽게 접하기 힘든 곳에서 정육점 장사를 하셨다. 장사를 할 분야는 술집부터 음식점, 카페 등 여러 가지가 있다. 당연히 파는 물건에 따라 유리할 수도 있고 불리할 수도 있다. 남들이 보면 평범한 사장님처럼 생각할 수 있다. 내가 1년간 사장님 옆에서 장사를 배우며 얻은 것이 있다. 단순히 이익을 내서 돈을 많이 버는 시스템을 만드는 것이 아니다. 인생을 살아가는 처세술을 배웠다.

20대 저자로서 하고 싶은 말이 있다. 한편으로 누구는 부정적으로 볼 수도 있고 좋게 바라봐줄 수 있다. 나는 진정성 있게 내 마음이 전달되었으면 좋겠다. 사실 누구나 돈을 많이 벌고 싶을 것이다. 그 마음 나도 잘 안다. 뼈저리게 가난해봤고 남들이 놀 때 쉬지 않고 고생도 많이 했다. 가장 중요한 것은 마음가짐이다. 나는 수많은 장사하는 곳을 다니며 사장님들의 마인드를 비교해봤다. 잘되는 이유와 안 되는 이유가 확연하게 차이가 났다.

보통 장사를 시작하면 단기간 1~3개월 안에 뭔가 빛을 보려고 한다. 온라인 마케팅으로 홍보를 하거나, 아니면 오프라인 광고 등 각종 여러 수단을 준비해서 오픈 준비를 한다. 오픈하면 오픈 기념으로 잠시는 손님들이 많이 찾아오기도 한다. 시간이 흘러 점점 손님의 수는 줄어들며, 좌절하게 된다. 지속해서 적자가 나게 된다면 폐업하기도 한다. 젊은 층들이 요즘 장사에 뛰어드는 경우도 봤다. 20대에는 경험을 쌓을 시기니 새로운 도전을 해보는 것도 좋다고 생각한다. 좋은 성과를 내면 다행이지만, 첫 마음이 쉽지 않다. 내공도 부족하고 동종 업계 경쟁도 치열하다 보니 쉽게 좌절하게 되고 1년도 버티지 못하고 폐업하게 되는 일도 있다. 요즘 같은 코로나19 시대에 시작하신 분들은 사실상 불리하다. 잘나가던 점포가 문을 닫기도 한다.

30년 이상 동안 장사를 하신 사장님에게 1년 동안 여러 가지를 배웠다. 삼겹살을 먹으려고 1인분 고기만 샀는데, 채소부터 시작해서 각종 서비스를 더 챙겨줬다. 떠오르는 속담이 있다. "배보다 배꼽이 더 크다." 늘 한결같았다. 나는 사장님에게 질문을 했다.

"사장님, 채소 가격도 많이 올랐는데, 이렇게 챙겨주시면 남는 게 있나요?"
"내가 수익을 더 적게 가져가더라도 손님이 만족해야지."

처음에는 이해하지 못했다. 혼자 먹으려고 1인분 고기만 샀는데, 상추부터 소스며 채소 가격이 더 들 정도다. '나한테만 챙겨주시는 건가?'라는 생각도 했다. 퇴근하고 거의 매일 찾아가 마감까지 같이 있다 집으로 돌아갔다. 항상 같이 있으면서 손님에게 대하는 것을 유심히 관찰했다. 사장님은 한결같이 모두에게 서비스를 챙겼다. 나는 단순히 주식 투자를 배우고 싶었는데, 사실 그보다 더 큰 인생의 처세술을 배운 것이다. 투자는 하나의 그냥 수단일 뿐이다. 나에게 사실 주식 투자를 바탕으로 비유해서 장사부터 부동산 투자, 삶의 지혜, 돈을 다루는 마음가짐 등을 알려 줬다. 매일 갈 때마다 돈으로 살 수 없는 새로운 것들을 배웠다. 기본적으로 주식 투자 공부로 시작했던 나는 1년간 발품 팔아 많은 것을 배우고 터득한 결과, 내공과 생각의 깊이가 달라졌다.

기술도 기술이지만 내가 느낀 것은 마인드였다. 장사를 시작할 때 1~2년 정도는 크게 장기로 본다고 했다. 1년 동안 적자여서 견디기 힘든 시절도 있었다고 한다. 물론 처음부터 잘되지는 않는다. 손님들이 찾기 힘든 위치에서 시작했어도 결국 이겨냈다. 단골손님을 만드는 시간에 투자한다. 짧게 걸릴 수 있고 길게 걸릴 수도 있다. 초반에는 인내심이 필요하다. 한 손님을 제대로 고객이 되도록 만들면 그 손님은 결국 다른 손님을 데리고 오는 것이다. 내가 옆에서 봐오면서 손님을 다 외울 정도로 기억했다. 결국 장사를 할 때도 투자가의 마인드가 필요한 것이었다. 보통 한두 번 찾아온 손님은 결국 단골손님이 되어갈 정도다. 진상 손님, 다양한 손님이 찾아와도 당당했고 항상 여유가 넘쳤다.

그 비결은 손님에게 정성껏 변함없이 최선을 다하는 데 있었다. 1년간 다니면서 늘 한결같이 손님을 항상 만족시켰다. 오히려 손님들이 더 당황해서 안절부절못할 정도였으니 말이다. 나는 옆에서 꾸준하게 보면서 깨달았다.

"사장님, 정말 대단하신 것 같습니다. 변함이 없으십니다."

"성공하는 데 가장 중요한 것은 이익만을 추구하는 욕심을 내지 마라는 것이여."

이유는 내가 손님에게 이득을 챙기려고 하면 나중에는 더 크게 손해로 돌아오기 때문이다. 30년간 지속해온 장사의 비결을 귀담아 듣는 동안 사장님으로부터 내공을 얻었다.

"어떻게든 손님에게 이익을 추구하고 욕심을 내면 언젠가는 다 떠나가더라."

사장님은 수년간 시행착오를 겪으면서 깨달았다고 한다. 이 말을 듣고 다른 곳이랑 비교하고 분석해보기로 했다. 역시 내가 생각했던 예상대로였다. 확실히 손님을 대하는 태도가 달랐다. 내가 식당을 가든 어디를 가든지 손님들이 불쾌감을 느끼는 곳은 오래가지 못하는 경우도 봤다. 코로나19 상황 속에서도 멀리서도 손님이 찾아왔다. 고기 품질이 아무리 좋아도 오너의 마인드가 제대로 갖춰져 있지 않으면 손님은 떠난다. 손님들도 마찬가지로 상대방의 감정을 다 전달받을 수 있다. 사장님은 손님을 만족시키기 위해 몰입한다. 손님이 많이 와도 한 사람에게 끝까지 최선을 다했다. 보통이면 손님에게 필요한 것만 맞춰주면 그만이다. 나의 사장님은 한 손님에게 서비스를 더 챙겨주거나 아니면 더 필요한 것이 없는지 예의상이라도 더 물어본다. 한 번만 왔던 사람은 거의 없었던 것 같다. 여유와 센스가 드러난다.

나는 사장님에게 배운 처세술이 장사에 임할 때만 적용되는 것이 아니라는 것을 알았다. 일상생활을 하는 사람을 대할 때, 돈에 대한 욕심을 절제할 수 있는 통제력을 이용해 인생을 살아간다. 식당이나 여러 곳을 다니게 되면 사장의 마인드를 관찰한다. 마인드 좋은 곳은 대부분 꾸준하게 잘되는 경우를 많이 봤다. 내가 옆에서 봐오면서 항상 느꼈던 건, 엄청 부지런하셨다는 것이다. 특별한 일이 없으면 쉬는 날 없이 계속 출근하신다. 사장님이랑 대화하면 내가 봤던 책 속의 성공하신 분들의 특징들이 다 들어가 있었다. 인생을 변하게 해주신 멘토다. 평범한 직장인에서 투자가로 길잡이를 잡아주셔서 감사하다고 전하고 싶다.

경험과 내공이 쌓이다 보니, 뭘 해도 잘될 수밖에 없는 사람들의 비결을 알겠다. 잘되는 사람은 환경, 능력, 남 탓 등을 절대 하지 않는다. 잘되는 사람은 사소한 습관에서 남다른 점이 나타난다. "백날 듣는 것보다 한번 행동하는 게 가장 빠르다." 성공하는 사람과 실패하는 사람은 두 부류로 나눠진다. 내가 만약 배움을 행동으로 옮기지 않았더라면? 과연 지금보다 더 나은 삶을 살 수 있을까? 절대 아니다. 과거에 나는 잘되는 사람들을 보면 분명 나보다 더 좋은 환경이었을 것이라고 생각했다. '다른 스킬이나 비법이 있을 거야.'라는 등 괜한 열등감을 가졌다. 이런 생각을 하고 노력해봤자 별 성과를 얻을 수 없다. 이 생각은 '나는 능력이 없어.'라고 자신에게 말하는 것이나 마찬가지이다.

　사실 당장 우리 눈앞의 습관들이 결국 지금의 나를 만들어간다. 장사로 비유해보자. 시작을 했다면 단기간이 아닌 1년 동안 미친놈처럼 해야한다. 원가를 생각하지 말고 손님이 오면 한 명이라도 최대한 기쁘게 만들어줘야 한다. 고객을 만족시켜야 신뢰가 생긴다. 그 신뢰가 결국 또 다른 손님을 불러오는 것이다. 고객의 신뢰가 쌓여 손님을 불러오고 수익도 자연스럽게 따라온다. 결국 성공하기 위해서도 마찬가지다. 프로는 하루아침에 되는 것이 아니다. 내 시간을 나를 위해 미친 듯이 투자해야지만 성공을 할 수 있다. 내가 부족한 점이 무엇인지 찾아 부족한 부분을 개선하고 계속 행동으로 옮겨 앞으로 나아가야지만 성공에 가까워진다. 스킬보다 자신의 의식부터 먼저 점검하길 바란다.

07

'시작'에 대한
두려움을
극복하라

    운명을 바꾸는 건 본인이 하기 나름이다. 흔히들 말하는 사주와 타로 등 운명을 점치는 것에서 아무리 좋은 결과가 나오더라도 매일 술을 마시거나 생각 없이 살게 된다면 인생은 비참해질 것이다. 우리를 행동하게 하고 움직이게 하는 원동력은 즐거움, 성취감, 쾌락 등에서 비롯된다. 만약 당신이 즐거움을 추구하게 된다면 지금 당장 행복이나 기쁨을 위해 움직일 것이다. 친구들의 만남과 여러 상황에 있어 자신의 행위를 통해 얻게 되는 결과다. 지금 당신은 그 결과를 얻기 위한 시간을 어디에다 쓰는가? 보통 게임, 드라마, 예능, 유튜브, SNS 등 잠깐의 즐거움을 추구할 수 있는 것에 시간을 허비하는 경우가 많다. 유튜브 같은 경우는 잠깐 봤을 뿐인데 우리를 헤어 나올 수 없게 내가 좋아하는 영상들이 지속해서 알고리즘을 타고 나오게 한다. 잠깐 들어가서 봤을 뿐인데 나도 모르는 사이에 시간이 눈 깜짝할 사이에 흘러가고 있다. 그 외에도 어떤 행위를 하려 하면 시작에 앞서 너무나도 수많은 방해 요소가 앞을 가로막는다.

나는 모든 시작에 앞서 언제든지 방해하는 무언가에 노출되어 있다고 본다. 새로운 시작을 하기 위해서는 계속해서 미루는 습관을 넘어서야 한다. 행동으로 옮기겠다고 생각해도 강한 의지가 없으면 실천을 회피하게 된다. 우선 실천하고 행동하면 다음 단계는 쉬울 것이다. 대부분 사람은 시작하는 데 앞서 엄청난 부담감과 막막함 등이 떠오른다. 거기에 일상적으로 노출되어 있는 주변에 흥미를 끄는 방해 요소들이 너무나도 많다. 모든 것은 결국 의지에 달려 있다고 생각한다. 유일하게 자신의 의지력을 최상위로 끌어올리는 사람이 있다면 돈을 벌기 위해 출근하는 직장인, 의무교육을 해야 하는 학생, 국방의 의무를 해야 하는 군인 등을 예로 들 수 있으며 의지력과 상관없이 행동하게 한다. 왜 사람들은 시작에 앞서 두려워하다가 의무적인 상황에 놓여 있으면 움직이게 될까?

왜 우리는 시작에 있어 두려움을 느끼고 주변 상황이 우리를 강제로 움직이게 만들어야만 행동으로 옮기게 되는 것일까? 답은 우리가 시작에 있어 간절함이 없기 때문이라고 생각한다. 정말로 절실한 상황을 조성하게 된다면, 분명 우리는 해결하기 위해서 끊임없이 생각하고 움직이게 될 것이다.

진짜 우리가 시작에 있어 절박한 상황에 놓이게 되면 시작할 수밖에 없을 것이다. 지금 처한 상황이 마음에 들지 않는다고 생각하는 사람이 있지만, 상황이 전혀 바뀌지 않는다면 시작하는 데 두려움이 가장 큰 것이 원인이 될 가능성이 크다.

나도 사람이기 때문에 어떤 일을 시작하기에 앞서 두려움이 있다. 예를 들어서 만약 독서를 하겠다고 하자. 처음에 마음먹고 한 페이지를 넘길 때 쉽지 않을 수 있다. 하지만 나는 상황에 따라 나의 의지와 상관없이 시작하게 되었다는 것을 알 수 있었다. 그냥 단순하게 독서를 하겠다고 마음먹었을 때는 행동으로 움직이는 데 여러 가지 방해 요소가 떠올랐다. 어떤 상황에 있어 나의 지식이 부족하여 실패를 경험하거나 나를 낮추게 되었을 경우 이런 상황을 두 번은 겪기 싫어서 움직이게 된다. 그리고 시작에 있어 작은 습관부터 시작하는 것이 중요하다. 시작해도 꾸준함이 없으면 그 또한 의미가 없기 때문이다. 시작에 있어 꾸준함이 지속되게 하는 방법은 시작하는 값을 최소한으로 만들어야 하는 것이다.

예를 들어, 독서를 하기 전에 두려움을 갖지 않고 시작하는 기술을 만들어보겠다고 하자. 그러면 어떻게 시작해야 할까?

첫 번째, 책이 나와 동반자가 되도록 항상 가까이 두는 것이다. 자기 전, 기상 후 책을 보려고 억지로 노력하기보다 책이 항상 내 옆에 있는 상황을 만들자.

두 번째, 책을 처음부터 끝까지 다 읽기보다 페이지 수를 정하여 한 장이라도 보는 습관을 들이자.

세 번째, 『성공의 법칙』의 저자 맥스웰 몰츠는 우리의 뇌가 새로운 행동에 익숙해지는 데 걸리는 최소한의 시간은 21일로, 어떤 일이든 21일간 지속하면 습관이 된다고 했다. 나는 이 습관을 꾸준하게 지켰다.

사람을 만났을 때 친해지는 과정에도 마찬가지로 처음에는 어색하고 쉽지 않다. 서로가 알아가고 지내다 보면 시간이 흘러 결국은 대인 관계가 형성된다. 나는 시작에 있어 가장 중요하게 여기는 것은 꾸준하게 지속할 수 있는 습관이라고 말하고 싶다. 모든 변화에 있어서 시작하지 않고 꾸준하지 못하면 절대 변화는 이루어지지 않는다. 누구나 성공하고 싶고 발전하고 싶다면 당신은 지금보다 더 나은 삶을 살기 위해서 노력을 할 것이다.

지금 이 시작에 있어 두려움을 극복해야 한다. 당신에게 즐거움을 추구하기 위해서 미래를 버리지 말라고 하는 소리는 아니다. 조금씩 점차 인생의 변화가 되는 발전 요소에도 시작을 만들라는 것이다. 나의 건강을 위해서 운동을 시작하거나 나를 발전하기 위한 자기계발에 투자해라.

이렇게 투자한 시간이 지나면 나의 경험치가 생겨 내공이 쌓일 것이고 새로운 시작을 불러올 것이다. 나를 발전시키고 변화시키는 것을 시작하면, 점점 성장하고 성취감을 얻어 더 큰 발전을 하게 된다는 것을 깨닫게 될 것이다.

실패를 두려워하지 말자. '실패는 성공으로 가는 과정'이라는 말이 있다. 우리는 무언가에 도전하고 새로운 일을 시작하고 싶을 때, 주변에 많은 조언을 구하기도 하고 유튜브나 인터넷 검색으로 정보를 찾아보기도 한다. 주변 지인에게 도움을 청하기 전에 우리는 이미 시작해야 하는 것은 알고 있다. 한편으로 확신을 받고 싶은 심리도 크게 작용한다. 답은 본인 스스로가 잘 알고 있을 것이다. 냉정하게 바라봤을 때, 시작했을 때, 옳고 그름을 충분히 판단할 수 있어야 한다. 실패하더라도 너무 낙심하지 말자. 시작하지 않으면 죽기 전에 후회로 가득하지만, 시작하면 후회는 없다. 실패는 누구나 할 수 있다. 결국 냉정하게 자신을 스스로 판단해야 한다. 자신이 스스로 원해서 선택했기 때문에 어떤 결과가 나오더라도 미련이 남지 않는다. 시작을 하지 않으면 결국 나중에는 시작조차 하지 못하게 되어 결국 후회로 남게 된다.

지금부터 당장 시작하자! 하루의 시간은 24시간이다. 그중 시작을 단 5분만 하는 습관만 만들더라도 한 달이 지나고 1년이라는 시간이 지났을 때 복리 효과로 돌아올 것이다. 결국 그 경험들이 쌓여 성공의 밑거름이 된다. 시작에 앞서 두려움을 극복하고 작은 습관을 실천해서 하나하나 이뤄나가자. 자기에게 보상해주는 것도 좋다. 어떤 사소한 플랜을 만들어 목표에 도달할 시에 나에게 선물을 주는 것이다. 그 성취감을 얻고 또 다른 시작에 있어 두려움보다는 즐거움이 생길 것이다. 작은 목표를 세우고 최소의 시작으로 두려움을 극복하길 바란다.

08

스펙 쌓기에서 벗어나 당신을 위해 발전하라

학창 시절부터 '나는 꼭 커서 성공할 거야.'라는 신념이 가득했다. 내 생각처럼 현실 사회는 쉽지 않았다. 모든 게 처음이다 보니 어떻게 살아가야 할지 막막했다. 커다란 세상에 앞으로 가진 것 없이 모든 걸 시작해야 한다는 걱정이 너무 많다. 학생 때는 하루라도 빨리 어른이 되고 싶다고 생각했다. 지금 생각해보면 학생 때가 가장 걱정이 없었을 때였다. 성인이 되었을 뿐, 삶을 살아가는 것은 이제 온전히 나 스스로가 헤쳐 나가야 할 숙제다. 이제 오로지 혼자서 인생을 살아가야 했다. 나에게 올바른 길을 안내해줄 수 있는 가이드도 없다. 해답은 이제 스스로 풀어가야 하며 풀리지 않는 어려운 숙제를 앞에 두고 있다.

청년들에게 20대의 가장 큰 고민이 뭔지 물어본다면 취업, 돈, 대학교 결국 미래에 대한 걱정이 주를 이룬다. 다들 스펙을 쌓기 위해 자격증을 취득하며, 토익 준비, 대학교 학점 관리 등 열심히 살아간다. 뉴스에서는 "스펙을 쌓기가 취업에 도움이 안 된다. 대기업들은 인성과 잠재력을 원한다." 이런 식으로 나온다. 그중 경제적으로 힘든 사람들은 아르바이트까지 병행하면서 생활비나 대학교 등록금까지 벌어가야 한다. 수천만 원이 되는 돈을 들여 스펙을 쌓아도 취업이 된다는 보장이 없다. 대부분 원하는 과를 정할 때도 자신이 원하는 길을 선택하기 힘들다. 대부분 주변 환경과 타협하거나 아니면 성적에 맞춰서 들어가게 된다. 친구들과 대화를 해봐도 알 수 있다. 오랜만에 만나는 친구들이 있으면 안부를 주고받는다.

"오랜만이다. 잘 지내?"
"그냥, 취업도 되지 않고 힘드네."

안부 연락도 눈치 보일 정도로 좋은 소식을 들은 적은 없다. 친구들과 만나서 대화를 해도 예전과 다르게 "회사가 너무 힘들다, 취업이 안 된다." 등 하소연만 하고 걱정만 늘어진다. 언제부터인가 보면 기쁜 소식을 주고받는 것이 아니라 고민과 걱정거리를 늘어놓고 있다. 기쁨을 함께 공유하며 보낸 적은 생일 축하 메시지 말곤 없었던 것 같다. 취업해도 얼마 안 가 퇴사했다는 소식이 들려오고 다시 '사람인', '잡코리아' 등 일자리를 알아보게 된다. 악순환의 반복이다. 도대체 어디서부터 잘못된 걸까? 어릴 적에는 밝고 그랬던 친구들도 현재는 환경의 영향을 받고 온전히 나로 살아가는 게 아닌 사회에 맞춰 살아간다. 세상은 점점 더 각박해져만 갔다.

  남들이 스펙을 쌓고 공부할 때 나는 스펙에 크게 연연하지는 않았다. 왜냐하면 스펙을 쌓고 공부를 하는 이유는 돈을 벌기 위해서라고 생각했기 때문이다. 평범한 사람들이 가장 할 수 있는 각종 직업의 사람들을 만나면서 소통을 했다. 느꼈던 점은 다들 열심히 공부해서 준비하고 들어간 직장이지만, 살아가는 환경은 비슷했다. 큰 차이를 비교하면 아무래도 환경이나 월급 정도지, 원하는 삶을 살아가는 사람들을 본 적이 없다. 남들이 편하다는 공무원, 돈을 많이 준다는 대기업 직원 등을 만나며 느낀 건 남이 뭐래도 '자신이 하는 일이 제일 힘들다.'라는 것이다. 분명 처음에는 큰 기대감으로 열정을 쏟아 부으면서 준비했을 것이다. 하지만 현실과 마주할 때, 1차 충격을 받는다. 노력 대비에 얻어지는 기대는 제로에 가깝기 때문이다. 나도 회사라는 곳에서 더 나은 환경을 찾기 위해 이직을 했지만, 결과적으로는 업무 강도, 월급, 내 시간 등 작은 변화 외에는 큰 틀은 변함없다.

내가 원하는 의지대로 나의 발전이 가능하다. 무엇을 해야 할지, 발전하고 싶어도 방향성을 잡지 못한다면, 현실에 안주하며 살아간다. 이런 말이 있다. "아는 만큼 보인다." 딱 그 범위에서 나를 만들어간다. 자신이 생각하는 크기에 따라 내 의지도 달라진다. 그 이상을 바라보지 않으면, 스펙을 쌓아야 한다는 초점만 바라보게 된다. 문뜩 이런 생각이 들었다. '나의 10대는 의미 없이 보냈는데 20대의 시간도 이러다가는 그냥 지나가겠다.'라는 생각이 들었다. 지금까지 내가 해왔던 것은 전부 잘못된 것이다. 나는 어릴 적부터 공부하지 않았기에 딱히 스펙도 내세울 것도 없는 사람이었다. 20대가 되었어도 사실상 나에게 투자할 수 있는 시간은 거의 없을 정도로 강도 높은 업무들을 12시간씩 해왔다. 여기서 차이가 있었다. 같이 지내는 동기 여러 명이 있다.

A동기는 당장 여기서는 대학교에 가야 한다고 해서 그 꿈을 향해 나갔다.

B동기는 회사에 다니면서 항상 미래를 준비하기 위해 꾸준히 독서와 글쓰기를 했다.

D동기는 자격증을 계속 준비했다.

C동기는 그냥 생각 없이 지냈다.

결과적으로 시간이 지났을 때, 4명의 동기는 완전히 다른 인생들을 살고 있다. 다들 비슷하다. 재직을 구하기 위해 살고 있거나, 돈을 벌기 위한 생계 유지가 초점이 되었다. 하지만 자기계발을 꾸준히 한 동기는 계속해서 끊임없이 자기 자신을 발전하기 위해 올라가고 있었다. '책을 많이 읽으면 달라질까?'라며 이런 의문들이 많이 들었다. 여기서 느낀 점은 어떤 책을 읽느냐에 따라 사람의 마음을 움직이는 게 달라진다고 생각한다. 책을 읽었다고 하더라도 소설책을 보게 된다면, 뭔가 큰 동기 부여나 발전에 대한 욕망을 받지 못했을 것이다. 나도 독서를 시작했지만, 다독가는 아니었다. 어릴 때부터 하질 않아서 습관이 안 잡혀 있었다. 처음에는 엄청 힘들었다. 책 보는 것보다 더 힘든 건, 내가 책상에 오래도록 앉아 버티는 것이었다.

자신과의 싸움이었다. 나는 10분만 앉아서 책을 펴기만 하면, 계속 잡생각이 들었다. 갑자기 없던 계획까지 막 생겼다. 잠시 SNS 소식 좀 확인하고 시작할까? 맞다, 빨래 먼저 돌리고 시작해야겠다. 여러 가지의 잡생각이 끊임없이 떠올랐다. 나의 인생 멘토들을 만나지 않았더라면 지금의 나는 행동을 하지 못했을 것이다. 인생 멘토는 꼭 사람이 아니어도 좋다. 책 속에서도 그 사람의 생각과 배움을 얻을 수 있다.

내가 읽었던 책 중 기시미 이치로, 고가 후미타케의 『미움받을 용기』에서 "모든 고민은 인간관계에서 시작된다"는 내용이 나온다. "타인에게 미움받을 것을 두려워하지 말아라. 모든 것은 용기의 문제다." 이런 문구가 나온다. 이 책에서는 내가 불행하고 힘든 것은 환경 탓이 아니라고 한다. 용기가 부족하다고 말한다. 나는 항상 자존심이 강해서 내가 부족하고 힘들어도 혼자서 견뎌왔다. 지금 생각해보면 용기가 부족한 게 맞다. 어쩌면 나 자신이 미움받을까 봐 불안하고 두려웠다. 이 책을 통해서 그동안 내가 변하지 않았던 것은, 자신이 변하지 않겠다고 결심했기 때문이라는 것을 깨달았다. 나는 나를 바꾸겠다는 용기를 내기로 마음먹었다. 이렇게 책 속에서는 내가 생각지도 못한 생각과 철학들이 담겨 있다. 항상 책을 읽을 때 나의 상황들을 대입해보면서 읽으니 공감도 가고 점차 100%는 아니더라도 나도 모르게 조금씩 흡수하고 있던 것이다.

내가 어떤 성공을 원하고 나답게 살아갈지, 내가 누구인지 알아갈 때 진짜 나를 발전할 수 있다고 생각한다. 소크라테스에 명언 중 "너 자신을 알라"는 말이 있다. 계속 글쓰기와 독서를 하면서 점차 시간이 지나 나 자신을 알아갔다. 과거 2016년도 나의 일기장에는 '운도 없고 의욕도 없고 피곤투성이야, 정말 지친다, 평소에 하던 것도 잘 안 풀린다.'라며 자신을 부정적으로 바라봤다. 지금 보면 '저거 내가 쓴 글 맞아? 저렇게 부정적이었나?'라는 생각도 든다. 나는 항상 힘들고 스트레스를 글로 표현했다. 글의 마무리는 '후회하지 마, 잘할 수 있어, 넌 더욱더 강해져야 해.'라며 긍정으로 끝났다. 어쩌면 나를 위해 발전을 하지 않았더라면, 지금의 나는 용기 있게 나를 드러내지 못했을 것이다.

　스무 살부터 12시간씩 근무를 했을 때, 일기장에 버킷리스트를 적었다. 시간이 지나 지금과 비교하면서 나를 돌아보게 된다. 내가 책을 읽고 성공한 사람들을 만나면서 내 생각은 점차 확장되었다. 깨달음을 얻고 나니 그 전과 목표와 꿈의 크기가 달라졌다. 과거 버킷리스트를 보면 책 읽기, 투자하기, 부자 되기 등 사소한 것부터 시작했다. 요즘은 직장을 다니면서도 그 외 시간을 활용하여 주식 투자, 부동산 투자 등 불로소득을 창출하고 있다. 글에 나 혼자만의 생각을 담는 것이 아니라 무스펙에서도 성장할 수 있다는 메시지를 독자들에게 표출하고 싶다. 무엇이든지 처음이 어렵다. 성공한 사람들도 많지만, 절망 속에 살아가는 사람들도 많다. 나는 내가 더 성장해서 희망을 주고 싶다. 나의 스승님이 하신 말씀이 있다.

"여러 사람 중 성공한 사람들이 극소수인 이유는 답을 알려줘도 실행을 하지 않으면 아무 쓸모가 없기 때문이다."

　이 말을 명심하길 바란다.

MUST HAVE FIVE TOOLS

Dreams, Self-improvement, Stocks, Real estate, Exercise

20대에 꼭 알아야 할 5가지 공부

3장

주식 투자,

주린이가
반드시
알아두어야
할 7가지

01

이제는
주식 투자가 생활화된
시대가 되었다

　나는 19세에 취업을 나간 첫 직장 ㈜ 와이지원이라는 절삭공구를 만드는 회사에서 일을 하며 주식에 처음으로 관심을 두게 되었다. 특히 엔드밀은 세계 시장 점유율 1위로 미국 · 프랑스 · 중국 · 인도 등 60개국에 수출하고 있다.

　아침마다 현장 사무실에서 회사 그룹 사이트를 보면 항상 옆에 작은 창에 회사 주식 가격이 표시되어 있었다. 처음 봤을 때 회사 옆에 나타나는 숫자를 보고 의문이 들었다.

'액수 너무 작은데, 어떤 기준으로 정해지는 걸까?'

회사분들은 주가에 관련된 대화를 하고 있었다. 보통 회사 비판을 했다.

"뭐야, 또 떨어졌어? 이 회사가 그럼 그렇지!"
"아, 큰일이네, 이놈의 회사는 뭐 하는데, 계속 떨어지는 거야?"

유일하게 초창기에 주식을 보유하고 있던 사람들은 큰 수익을 내고 있다고 한다. 주식 투자를 한다고 하면 좋은 시선보다는 대부분 "주식 투자하면 집안 말아먹는다, 주식은 도박이야, 위험해."라는 부정적인 말들을 한다. 하도 듣다 보니깐 주변에서 색안경 끼고 바라보는 사람들 특징을 알 수 있었다.

첫 번째, 주식 실패로 큰 손실을 본 사람
두 번째, 시작도 해보지 않는 사람

보통 이렇게 나뉘었다. 나도 마찬가지로 주식 투자에 큰 관심도 없었다. 투자가 아닌 투기라고 생각했던 평범한 직장인이었다. 점심시간만 되면 주식에 대해 소식을 듣다 보니 나도 자연스럽게 관심을 보이게 되었다. 그 후로 나도 회사의 주가를 관찰했다. 매일 업무일지를 작성하느라 자주 접했다. 봐도 잘 모르지만 보면, 떨어지는지 오르는지는 알 수 있었다.

내가 처음 봤던 주가는 만 원 정도였다. 어떤 날은 올라가고 떨어지고 중간은 거의 없었다. 보통 오르는 경우보다 떨어지는 경우를 많이 봤다. 주식을 해보고는 싶었지만, 방법도 모르고 손실에 대한 두려움이 커서 하지 못했다. 점심시간이 되면 손실을 봤다는 소식을 더 많이 들어서 자신이 없었다.

"아, 오늘도 떨어졌다."
"왜 오르지 않는 거야."

우리 회사는 알고 보니 투자의 대가 워런 버핏이 국내 상장 기업에 직접 투자한 최초의 사례라고 한다. 투자했다는 소식만으로 주가가 급등했다고 한다.
'얼마나 대단한 사람이길래 매수 소식으로 오를까?'라는 관심이 생겨서 책도 사고 인터넷으로 검색도 해봤다. 워런 버핏에 있어 가장 기억에 남는 일화가 있다. 밥 한 끼를 같이 먹으려면 41억 원을 내야 한다고 한다. 이렇게 모은 돈은 다 기부를 한다고 한다.

'현실에서 저게 정말 가능한 것인가?' 실감이 나지 않았다.

워런 버핏 다큐멘터리를 보면 이런 내용이 나온다.

"당신이 만약 현재 일어난 경제적 사건에 관심이 없다면 정신적으로 죽은 상태입니다."

워런 버핏의 영향으로 투자에 대한 부정적인 시선이 조금씩 바뀌었다. '지금은 가진 것은 없지만, 나도 꼭 워런 버핏처럼 성공하고 싶다.'라는 생각을 해왔다.

내가 전역하고 우리 회사의 주가를 봤을 때 80% 이상 올랐다. '내가 입대하기 전에 우리 회사 주식을 모았더라면 돈 좀 벌었겠는데?'라는 아쉬운 마음이 컸다. 상승한 이유는 모르지만, 신기하기만 했다. 나는 첫 직장으로 인해 주식에 대해 흥미를 갖게 되었다.

2020년 코로나19 사태 이후로 주식 열풍이 불고 있다. 주식에 입문하는 사람들이 기하급수적으로 늘고 있다. 내가 분명 스무 살일 때만 해도 투기라고 했던 주식이었는데, 지금은 20대부터 다양한 연령층이 주식 투자에 뛰어들고 있다.

카페, 마트, 미용실 등에 가보면 동네 사람들까지 주식에 관해 대화하고 있다. 이제 모두가 알 정도면 투자라는 선입견이 깨졌다고 생각한다. 유튜브를 보면 경제 유튜버들이 많이 생겼다. 전문 투자가들이 강의나 뉴스에서도 주식에 대해 많이 언급하기 시작했다.

난 아직도 잊지 못할 순간이 있다. 2020년 3월이다. 그때 한참 코로나 19 사태로 외국인 투자자가 한국 주식을 팔면서 급락세가 이루어졌다. 나는 주가의 움직임을 계속 관망하고 있었다. 주변 사람들이 가장 언급을 많이 했던 종목이 삼성전자였다. 처음 봤을 때 5만 원 정도였다. 점점 악재가 심해지니 5만 원이 깨지고 주식하고 있는 사람들은 2가지 유형의 포지션이 있었다. 지금이 기회라고 생각하는 사람과 반면 폭락한다고 생각하는 사람의 유형이었다.

매일 지켜보면 공포를 느낄 정도로 1~2주 동안 하루하루 큰 폭으로 빠졌다. 떨어지는 주가를 보면 아찔했다. -2~5% 정도 빠지다가 주변에서 "우리나라 주식 망했다."라는 소식이 들렸을 때 다시 +5% 정도 반등하면서 "아, 매수할 걸. 이제 하락장 끝났네."라는 아우성이 들렸다. 그러다가 다음 날 확 -6% 이상 정도가 빠졌다.

"이건 무슨 롤러코스터도 아니고, 장난하나?"
"이러다가 3만 전자 되겠다."
"지금이 저점 아니야?? 기회 같은데?"

그러다 다음날 바로 +10% 반등하면서 점차 회복했다. 자연스럽게 다시 조금씩 우상향을 향해 그렸다. 이때 나도 반등을 하고 사람들이 살까 말까 고민할 때 대중들과 반대로 한번 경험 삼아서 매수해보자는 생각이 들었다. 우상향 그리는 모습을 보고 평 단가 5만 원대에 몇 주 정도 매수했다.

환호에 팔고 공포에 매수하라는 말을 들었는데 타이밍이 맞아떨어졌다. 결국 모든 사람이 공포에 질렸을 때 가장 많이 매수했던 사람이 큰 수익을 봤을 것이다. 내 주변에 공포에 매수해서 수익을 봤던 사람들도 봤다. 그 이후로 현재까지 다시는 4만 전자는 오지는 않았다.

일반 개미들은 '그때 폭락장에 매수했어야 하는데,'라며 후회만 하고 있다.

이후로 신조어도 등장했다. 일명 '동학 개미 운동'이다. 기관과 외국인 투자자가 매도했을 때 이에 맞서 개인 투자자들이 적극적으로 매수하면서 지켰다. 1894년 일어났던 '동학농민운동'에 빗댄 표현이다. 삼성전자뿐만 아니라 2020년 3월에는 다른 종목에서도 누구나 수익을 냈던 시기였다.

생활비와 등록금, 가상화폐·주식 투자금 등을 마련하기 위해서 카드론이나 신용대출을 이용하는 청년들이 늘어나고 있다. 주식에 신용까지 끌어 쓰다가 빚을 감당하지 못하면 신용불량자로 전락하기 쉽다. 실제로 최근 3년 동안 신용회복위원회에 채무 조정을 신청한 청년이 2만 8,000여 명을 넘었다고 한다.

대부분 청년은 이번 코로나 이후로 계좌를 만든 사람들이 많다. 폭락 이후 상승장 때 수익을 봤으면 다행이다. 2021년도에 시작했던 주린이들은 피해를 봤던 힘든 주식장이었다. 단기간에 수익을 보려고 들어가거나 심리로만 판단했다가 실패를 당하게 된다. 주식에는 정답은 없다. 주식에 관심을 가졌던 나도 주식을 25년간 하신 정육점 사장님에게 1년간 주식을 배웠다. 주식 투자를 시작하기 전 마음가짐과 투자를 하는 방법 등 큰 깨달음을 얻었다. 나는 주식이 투기라고 생각했던 사람 중 한 명이었다. 그러나 이제 주식은 너 나 할 것 없이 할 정도로 일상인 시대가 되었다. 쉽게 접근할 수 있는 만큼, 손실도 그만큼 따른다. 투자에 앞서 그냥 수익을 보기 위해 시작하는 사람들이 대다수다. 오랜 시간을 해온 투자자도 정답은 없다고 말한다. 결국 주식 투자 시작에 앞서 제대로 된 마인드를 가지면서 주식을 알아가고 성장하길 바란다. 주식 투자를 하면서 배운 경험들이 시작하기 두려운 주린이들에게 조금이나마 길잡이 역할을 할 수 있게 되길 바란다.

02

나는 당신이
주식 공부를
시작했으면 좋겠습니다

　본격적인 주식 투자를 시작하게 된 나이는 24세이다. 평소와 같이 월급쟁이로 지내면서 느낀 점이 있다. 일찍부터 사회의 경험을 하면서 행복의 기준은 돈이 될 수 없다. 현실적으로 돈이 없다면 불행하다는 건 뼈저리게 느꼈다.

　직접 몸으로 고생하며 벌어보니 돈의 소중함도 알 것 같았다. 남들 공부할 때 학생 때부터 각종 아르바이트 등 다양하게 해봤다. 아무리 열심히 살아도 나의 삶은 크게 변화가 없었다. 도대체 뭐가 문제일까? 나는 부자가 될 것이라고 항상 마음에 품었다. 여러 사람과 대화를 하면 남들과 다르게 재테크 아니면 미래에 대해 소통했다.

"보통 월급 관리 어떻게 하세요?"

"적금이나 아니면 통장을 쪼개서 재테크하고 있어."

내가 다니고 있는 직장에서는 재테크를 하시는 분들을 많이 있다. 다들 돈 관리에 대해서는 확실하게 철저했다. 재테크를 정말 잘하시는 분이 있었다. 젊은 나이에 벌써 아파트도 두 채에 좋은 차에 자본도 많이 모았다.

직장인 연봉만으로는 살 수 없는 금액이었다. 선배들에게 재테크 조언을 구하면 하는 말이 "20대에는 종잣돈을 모아야 한다."라고 말했다. 나는 종잣돈을 모으면서 경제, 재테크 공부를 하기로 했다. 가장 큰 변화는 나의 스승님을 만난 것이다.

25살 때, 돼지고기 김치찌개를 끓이기 위해 집 앞 정육점을 들렀다. 처음 방문한 곳이었다. 여기 계신 사장님이 초면인데 반겨줬다.

"어서 오세요."

"네, 안녕하세요. 사장님, 돼지고기 사러 왔습니다."

"뭘 해 드시려고요?"

"돼지고기 김치찌개 해 먹으려고 합니다."

"그럼 앞다리살 괜찮은데 그걸로 드릴게요."

평범한 대화를 이어가다 사장님이 먼저 나에게 관심을 가졌다.

"직장인이신가 봐요?"
"네, 얼마 전 통근버스 거리 문제로 이사 왔고, 제약회사 근무하고 있습니다."

이런 식으로 나에게 일상적인 이야기를 하다 회사에 관심을 가졌다. 내가 다니는 회사에 대해 말하면서 재직하고 있는 회사 주식에 대해서 말했다. 정작 나는 우리 회사의 주가를 잘 알고 있지 못했다. 오히려 내가 다니는 회사인데 대화하면서 느꼈던 것은 사장님이 우리 회사를 나보다 더 잘 알고 있다는 사실이었다.

우리 회사에 대해서도 그렇고 심지어 내가 몰랐던 자회사까지 다 알고 있었다. 나는 사장님을 진정한 투자가라고 생각했다. 경제에 대해서도 그렇고 재테크 쪽에서 쉽게 잘 설명했다.

평범한 직장인이 할 수 있는 재테크 방법은 3가지가 있다고 했다.

첫 번째, 적금
두 번째, 펀드
세 번째, 주식

일단 나는 주식을 하고 싶지만, 알려 주는 사람이 없어서 배우고 싶다고 말했다. 사장님이 나에게 먼저 말했다. 주식 계좌 개설을 먼저 개설하라고 말이다. 그리고 본인이 다니고 있는 회사의 계열사들에 대해 사이트에 찾아가서 직접 분석도 해보라고 하셨다. 일단 계좌를 만들고 10만 원으로만 시작해보라고 기준을 잡아줬다. 대화하다 보니 벌써 시간이 1시간이 넘었다. 손님도 오고 해서 내일 방문하겠다고 인사를 하고 나왔다.

처음에 집에 가서 증권 계좌를 신한증권으로 만들었다. 나는 회사에 대해 업무 말고는 큰 관심이 없었다. 정육점 사장님이 숙제를 내주셔서 한번 기업에 대해 다 분석해봤다. 재직 중인 제약회사 계열사만 5개 정도 나왔다. 알고 보니 각자 만드는 분야는 다양했다. 건강식품부터 시작해서 코로나19 진단 키트 등 여러 가지였다. 일단 나는 10만 원을 충전하고 내 회사 주가에 대해 숙지해두고 있었다. 다음 날도 찾아갔다.

"사장님, 계좌 개설도 만들고 계열사에 대해서도 분석해봤습니다."

사장님께서는 주식 투자를 이해하기 쉽게 하나씩 단계별로 나에게 가이드를 주었다. 처음부터 재무제표 공부하거나 각종 용어 분석하라고 하면 주린이들은 금방 지쳐서 포기하는 경향이 있다. 나는 매일 퇴근 후 사장님께 양해를 구하고 배우기 위해 찾아갔다.

정육점 사장님은 직접 종목을 하나 매수해보라고 했다. 종목을 선정하는 데 쉽게 설명해주셨다. 일상 속에서도 쉽게 찾을 수 있다. 예를 들어 설명해주셨다. 일반인들도 쉽게 들어봤을 회사이면서, 사람들이 가장 접하기 쉬운 물건을 언급하면서 말이다.

"예를 들어 말하면 가장 많이 사용하는 휴대폰 만드는 회사가 어디지?"

"삼성전자입니다."

"그럼 답 나왔네."

이해되기 쉽게 일상 속에서도 종목을 찾을 수 있다고 힌트를 줬다. 10만 원은 배운다는 마음으로 한번 해보라고 말이다. "주식은 잃어도 봐야지 알 수 있다."라고 말했다. 나는 사장님의 말씀을 듣고 자신감이 붙었다. 바로 집에 가서 다시 종목을 찾아봤다.

처음으로 내가 수익을 봤던 종목은 단순하게 시작했다. 항상 사장님께서 하신 말씀이 있다 "당장 앞만 내다보지 말고 3수 앞을 봐라." 늘 생각을 단순하게만 하지 말고 크게 미래를 보라고 말했다. 나는 이점들을 생각해서 일상적인 생활 방식이랑 종목 찾는 거랑 대입을 시켜봤다. 처음에는 종목이 수백 개다 보니 가장 가까이 있는 분야를 찾기 위해 나의 회사 계열사를 분석했다.

회사 홈페이지를 직접 들어가 CEO의 회사 비전과 회사 소개를 살펴봤다. 주로 건강식품, 영양 주사제 등 의약품 개발에 관련된 회사다. 대표의 비전도 앞으로 인류 100세 시대 건강한 삶의 동반자, 헬스케어에 대해 개발하고 있어 미래를 봤을 때, 괜찮다고 판단했다. 이유는 평소에도 건강을 챙겼지만, 이번 코로나19 여파로 앞으로 건강을 중요시 생각할 거라 믿었다.

나의 전략은 찾은 종목을 미래의 전망을 보고 떨어져도 신경 안 쓰고 1주씩 매수해나가는 것이었다. 떨어지면 오히려 싸게 살 수 있어 좋았다. 얼마 안 가 처음부터 상한가로 +30%의 수익 보게 되었다. 처음에 얼떨떨했다. 큰 수익을 냈지만, 매도에 기준이 없어 대처하지 못했다. 상승에 대해 이유를 알고 싶어 기사를 검색해봤다. 코로나19 치료제에 효과가 좋다는 기사가 올라왔었다. 이 상황에 있었던 일을 사장님께 설명해줬다. 상승 이유는 코로나19 치료에 대한 기대감 때문이었다. 사실 주식 시장에서 상한가를 맛보기는 힘들다고 하였다. 입문하자 첫 상한가를 보아서 축하를 해줬다. 시작부터 초심자의 행운이 따랐다. 어떤 사회적 이슈가 생겼을 때, 그 영향을 받아 상승세를 타면서 움직이는 종목들을 분석했다. 주식 입문 단계에서 매수, 매도하면서 전체의 흐름과 어떤 이슈를 받으면 올라가는지 꾸준히 하다 보면 자연스럽게 알게 된다. 단계별로 지속적인 코치로 주식 시작에 있어 결국 실패로 끝나지 않기 위해 여러 가지 과제를 줬다. 백 번 듣는 것보다 한 번 실천에 옮기지 않으면 소용이 없다. 결국 배움을 실천으로 옮겨서 스스로 투자를 할 수 있게 되었다.

주식은 상승도 상승이지만 매도가 가장 어렵다. 수익이 나도 언제 팔아야 할지 모른다는 거다. 수익이 나도 매도를 못 하여 기회를 놓치는 경우도 많았다. 막상 수익이 나도 팔지 못한다. 이런 말이 있다. "무릎에 사서 어깨에 팔아라." 주식을 하면 누구나 알 수 있다. 가장 싸게 매수하려고 기다리다가 타이밍을 놓친 일도 있다. 적당한 가격에 사서 고점을 기다리지 말고 수익이 났으면 욕심내지 말자.

종목을 골랐으면 주식의 가격 범위를 어느 정도 정해두고 매수하는 것도 하나의 방법이다. 많은 공부를 한 뒤 선택한 좋은 주식이라면, 현재가 아니라 장기적으로 주가가 오를 것을 예측하고 매수를 하자. 직장인 투자자일 경우는 매일 확인을 할 수 없으니 조급하게 생각하지 말고 확신 있는 투자를 하자. 자신이 확신 있는 종목을 찾았으면 한 주씩 모아가면서 흐름을 분석하길 바란다. 첫 시작은 돈을 버는 것에 중점을 두기보다 주식에 임하는 마음가짐이 가장 중요하다.

03

월급쟁이의
삶에
만족할 것인가?

월급쟁이들은 하루하루가 불안한 삶의 연속이다. 20~30대 청년 세대들은 현재의 직장에 만족하냐고 물어보면 10명 중 8명 정도가 불행하고 할 것이다. 월급날이 다가와도 기쁨은 잠시 바람처럼 사라진다. 직장들은 각종 카드 대금, 보험료, 대출금 그 외 통신비, 자동차 유지비 등 이런 문제들로 월급만으로 꾸려지는 삶의 틀에서 벗어나기 힘들다. 인생에 희망이 없다고 본다. 삶에 만족도를 못 느끼는 것이다. 신조어인 욜로족까지 많이 생겨나고 있다. 욜로족이란 '인생은 한 번뿐이다.'를 뜻한다. 미래 또는 남을 위해 희생하지 않고 현재 자신의 행복을 가장 중요시하며 소비하는 삶을 추구한다. 지금 당장 삶의 질을 높여줄 수 있는 곳에 돈을 아낌없이 쓰는 사람들을 말한다. 그에 반대되는 성향도 생겨났다. 파이어족이다. 20대부터 소비를 극단적으로 줄이면서 미래의 은퇴 자금을 마련하는 사람들을 말한다.

이러한 현상을 나는 좋게 보지 않는다. 그만큼 경제가 어려워졌다. 미래에 대해 답이 나오지 않자 극단적인 선택을 할 수 있다고 생각한다. 한편으로 파이어족도 미래의 삶을 준비하기 위해 절약한다고 본다. 현재와 미래 즉, 포기한 삶은 둘 다 마찬가지다. 불안정한 심리 상태로 생겨난 것이라고 본다. 갈수록 힘들어지는 세상이다.

나도 절망 속에 살아가던 사람 중 한 명이다. 나의 상황은 알다시피 중간도 아닌 바닥에서 시작했다. 인생 사이클을 돌아보면 순탄했던 적은 없다. 나의 인생 사이클은 주식이랑 비슷하다. 좋은 날도 찾아오고 슬픈 날도 겪는다. 행복을 찾다가도 다시 시련도 찾아오기도 한다. 비유하자면 주식장은 인생의 축소판이다. 나는 욜로족도 아니고 파이어족도 아니다. 오로지 나는 나의 인생을 개척해나간다. 우리가 살아갈 날은 많지 않은가? 여기서 좌절해도 내 인생 대신 책임져줄 사람 없다. 스스로 자신을 챙겨야 한다. 힘들다 하여도 분명 좋은 날이 찾아올 것이다. 주식을 하는 사람은 알 것이다. 하락장도 왔으면 상승장도 올 것이다. 하락에 너무 집착하지 말고 인생의 고달픔과 시련이 찾아와도 좌절하지 말자. 다시 인생의 우상향 차트도 그리게 된다.

동학 개미가 탄생한 후로 주식 투자에 관한 관심이 뜨거워지면서 막연하게 남들이 수익을 보고 있을 때 따라 들어간다. 주린이들은 정보도 없고 배경지식도 없으니 무턱대고 정보를 받을 수 있다는 말에 혹하기도 한다. 최근에는 카카오톡으로 만들어진 주식 리딩방 사기가 급증하고 있다. 주식 리딩방은 서로의 지식을 공유하며 성장하는 좋은 취지로 시작됐지만, 반면에 이를 악용하는 사람도 있다.

성공적인 투자가들도 공감할 것이다. 주식에는 100% 예측한다는 건 사실상 불가능하다. 피해자들의 공통점은 욕심이 과하다는 데 있다. 주식뿐만 아니라 뭐든지 욕심이 들어가는 순간 사기꾼도 따라붙는다. 투자를 시작하기 전에 가장 먼저 원칙과 규칙을 세워서 하길 바란다. 무조건 돈을 많이 벌려는 생각만 하고 투자를 한다면 투자가 아니라 투기에 가까워진다. 주식에 확실한 분석도 없이 들어가게 되면, 운에 맡기는 투자법이 된다. 월급만 가지고는 돈을 모으는 데 어려움이 따른다. 혼자서 시작에 막막함을 많이 느낀다. 나 역시도 처음 시작할 때는 종목 찾는 데 어려움을 겪었고 투자가의 시선으로 보지 못했다.

소문을 듣고 따라 매수했다가 손실도 본 적이 있다. 해서는 안 될 동전주를 건드렸다. 동전주는 가격이 저렴하다는 장점은 있지만 한 번 실패하게 되면 휴지 조각이 될 수도 있다. 그만큼 위험한 투자다. 개인적으로 하지 않았으면 좋겠다. 적어도 기업이 무엇을 하는지 알고 투자하자. 본인이 잘 아는 기업을 투자했을 경우는 떨어진다고 해도 쉽게 매도할 수가 없다. 만약 불안하면 손절가의 기준을 정해주는 것도 좋은 방법이다. 잘 모르겠다면 우리가 일상 속에서 아는 앞으로 함께 성장할 수 있는 회사의 종목을 선정하는 것도 하나의 방법이다. 처음 시작에는 지식이 없어서 실패할 확률이 높다. 그러면 트레이닝 할 수 있는 금액을 확실히 정해서 소액으로 시작해야 한다. 실패하여도 지장이 없을 금액을 말하는 것이다. 실패 없는 성공은 언젠간 무너지기 쉽다. 실패를 통해 자기 자신이 실패했을 때 어떤 실수를 하였는지 숙지하길 바란다. 똑같은 실수를 반복해서는 안 된다. 결과를 받아들이고 경험들이 쌓여 계속 원칙을 지켜나간다면 시간이 지나 돌아보면 주식은 함께 성장하는 동반자가 되어 있을 것이다.

월급쟁이일수록 주식 투자를 병행한다. 투자를 바라보는 시야를 바꾸니 일상이 바뀌었다. 나의 사소한 관심사, 주변 정보들을 다 투자의 시선으로 바라보게 된다면 돈 되는 정보로 바뀌게 된다. 내가 일하는 회사도 마찬가지다. 보통 사람들은 회사에 대해 부정적인 시선을 가질 수도 있다. 처음에는 직접 우리 회사에 투자했다. 다른 종목들은 사실상 내가 직접 볼 수가 없다. 그러기에 나는 최대한 위험 리스크를 줄이고자 내가 재직 중인 회사에 투자했다. 돈이 들어가서 그런지 회사에 관심을 가지고 더 알게 되었다. 회사의 사정과 흐름을 알 수 있기에 투자의 판단은 스스로가 할 수 있다는 장점이 있었다.

　나는 장기와 단기 투자를 같이한다. 소소한 수익에도 만족하여 팔려고 한다. 장기는 배당금 받으면서 모으는 재미를 가진다. 항상 투자하면서 느낀 점은 하다 보면 분명 수익이 났을 때 더 오를 것 같다는 생각이 든다. 보통 그 지점이 고점일 경우가 많다.

　주식은 "대중과 반대로 가라."라는 말이 있다. 여러 사람의 심리가 들어가 있다. 보통 남들과 다 같이 생각했을 때 항상 반대로 간다. 주식 투자 학습을 통해 몸소 느꼈다. 뉴스에서 종목에 대해 대형 호재가 나타날 때 여러 사람이 좋다고 했을 때 호재인데 주가는 반대로 떨어지는 경우도 보았다.

　나는 월급쟁이 직장인이다. 회의감들이 찾아올 때도 분명 있다. 주식 투자를 하면서 월급쟁이의 삶에 주저앉지 않고 오로지 나를 위해 발전하는 삶을 배웠다. 나는 처음 주식을 배울 때, 단순한 수익을 보기 위한 투자보다 주식을 통해 세상을 바라보는 안목을 기르는 것에 더 의미를 부여했다. 하루하루가 막막한 생활이었다. 나를 위해 시간을 써본 적이 없다. 단순하게 돈을 벌기 위한 시간만 사용했던 것 같다. 그러나 지금은 과거와 다르게 노동 소득만으로는 살기 힘든 시대이다. 직장에 급여소득과 비교하면 물가는 지속해서 오른다. 소비하게 된다면 결국 나에게는 남는 게 없다. 맛있는 음식을 먹고 나면 결국 먹을 때는 잠시 기쁘지만 먹고 나면 끝이다. 친구들과 만나서 쓰는 돈들도 결국 다 남지 않는다. 차라리 이런 돈들을 모아서 투자했더라면 손실이 나더라도 결국 회사의 지분은 남아 있다. 매일 반복되는 삶에서 투자를 통해 한평생 보지 않았던 뉴스와 신문에도 눈이 가게 되었고, 자세히 보면 돈 되는 정보가 있다. 돈 되는 정보로 들리다 보니 어느 순간 습관처럼 경제 이슈랑 친해진 것이다. 세상의 빠르게 바뀌는 트렌드에 뒤처지지 않기 위해 경제 전문가 유튜브 〈신사임당〉, 〈김작가 TV〉, 〈삼프로 TV〉 등을 보면서 나를 위해 성장한다는 것에 큰 재미를 붙였다. 계속해서 올바른 투자를 위해 공부하게 된다. 결국 시간에 대한 소중함을 얻게 되었다. 단지 주식 투자로 시작한 작은 일인데, 나에게는 큰 변화가 일어났다. 지금 생각하면 목표 없는 삶에 나를 위한 투자를 하고 있던 셈이다. "현재 월급쟁이 삶에 만족하는가?"라고 물어본다면. 처음에는 아니라고 말하고 싶다. 하지만 지금은 투자를 통해서 소중한 존재가 되었다. 주식으로 큰 수익을 벌지는 않았어도 행복한 투자가가 되었다. 전업 투자자들처럼은 아니더라도 일상에 조금이라도 투자를 통해 소액으로 투자를 시작해 주식을 모아가며 자면서도 돈이 굴러갈 수 있는 구조를 마련해야 한다. 그럼 그 회사는 나를 위해 열심히 일해줄 것이다. 열심히 성장하는 회사는 결국 나에게 수익을 안겨줄 수도 있다. 오로지 노동 수입으로만 벌려고 한다면, 월급쟁이 삶으로는 절대 만족할 수 없을 것이다.

04

고수는
사소한 원칙에
얽매이지 않는다

주식 투자는 전쟁터라고 해도 과언이 아니다. 주가는 매일 오르고 내림을 반복한다. 시장 참여자들은 다양한 사람들이 있다. 일반인 투자자, 외국인 투자자, 기관 투자자, 증권회사부터 여러 투자자가 참여한다. 나처럼 일반인은 주식시장의 강자들과 함께 공존하는 전쟁터다. 사실상 강자들은 정보력과 실력도 무수히 갖췄을 것이다. 또한 일반인 투자자 중에서도 큰손들만큼 큰 수익들을 실현한 투자자를 일명 '슈퍼개미'라고 한다. 평범한 일반인 사이에서 탄생한 슈퍼개미들도 있다. 슈퍼개미는 직장인의 우상이다. 그분들은 투자를 통해 경제적 자유를 달성한 분들도 많다. 나는 그중 평범한 일개미다. 투자에는 정답은 없지만, 내 소신껏

나만의 투자 스타일을 찾지 않으면 소중한 돈은 계속 뺏기게 되는 그림이 그려질 것이다.

주식시장은 100% 예측할 수 있는 사람이 없다. 주가의 움직임에는 대중들의 심리가 반영되어 예상치 못하게 흘러가는 경우도 많다. 보통 개미들의 생각은 비슷하다. 호재가 터지거나 자극적인 기사를 보게 되면 일반인 투자자들에게 올라갈 것 같다는 심리가 작용한다. 매수하다가 고점에 물려 원치 않은 장기 투자로 바뀌는 경우도 많이 봤다. 그만큼 개인 투자자는 수익을 낼 수 있는 확률이 매우 적다. 기관, 외국인들의 정보력을 따라가기는 정말 어렵다. 개인들이 할 수 있는 것은 해봐야 사업보고서, 재무제표다. 한 번 잘못하다가 물리게 된다면 답이 없다. 자신만의 기준과 원칙을 세워야 한다. 좋은 종목을 싸게 사서 비싸게 팔아야지 가장 좋은 그림이다.

다들 잘 알 것이다. 투자의 기본 원칙이다. 간단하지만, 가장 어렵다. 주식을 배우면서 내가 매일 시행착오를 겪으며 매수, 매도 방법을 찾기 위해 여러 고수의 방법을 따라 해봤다. 빠른 실패의 경험을 해왔기에 더욱 냉철하게 주식시장을 바라볼 수가 있었다. 실패가 없었더라면 과감하게 한탕주의자가 되었을 거다. 손실을 두려워하지 말자.

주식에 정답은 없지만, 도움이 되었던 나의 고수에게 배운 경험을 공유해보자 한다.

첫 번째, 좋은 기업을 싸게 매수하고 싶겠지만 좋은 기업들은, 누구나 다 아는 대기업들은 이미 어느 정도의 주가는 올라왔다. 회사가 쉽게 망하지는 않겠지만, 많은 수익을 내기 힘들 것이다.

나는 나만의 기준을 만들었다. 이번 달에 절약을 통해 남은 잔액이 생기면 그 돈을 소비로 가는 게 아니라 주식을 모아나갔다. 이왕이면 배당금까지 주는 회사면 좋다. 장기로 보면서 배당금도 받고 좋지 않은가? 결국 좋은 기업을 사게 된다면 시간이 지나 수익도 같이 봤다.

장기라는 건 몇 개월이 아니다. 1년 이내 단기에 속한다.

두 번째, 어렵게 생각하면 머리 아프다. 단순하게 접근해보자. 내가 접하는 방법은 테마주 종목, 우량주, 성장주 이 3가지를 매수하는 것이다. 각 접근 방법이 다르다.

1년 동안 실력과 통찰력을 기르기 위해 나는 돈을 벌겠다는 마음보다는 재밌게 주식을 했다. 나는 전문가처럼 어렵게 접근하는 것보다 잃어도 된다는 금액을 정해두고 즐기면서 투자했다. 수익에 집착하게 되면 오히려 더 안 되었다.

테마주는 등락 폭이 크고 호재의 영향을 받기 때문에 위험성이 가장 크다. 비중 조절을 잘해야 한다. 내가 했던 사례를 들어보겠다. 주변 형들과 캠핑장에 놀러 간 적이 있다. 평일에도 예약 자리가 한 자리 말고는 만석이었다. 나는 한번 전체적인 분위기를 조사했다. 코로나로 인해서 답답한 사람들이 캠핑을 주로 하는 심리가 보여 캠핑 관련주를 기업 분석을 해서 매수를 했다. 얼마 가지 않아 바로 수익권에 도달해서 보유했던 주식을 매도했다. 매도할 때 욕심이 들어가 타이밍을 놓친 적이 있었기 때문에 테마주 같은 경우는 바로 수익이 나면 매도하는 원칙을 세웠다. 운이 좋았던 점도 있지만 나는 수익을 냈을 때 항상 감사하다는 마음으로 임한다. 이유는 누군가는 나로 인해 피해를 보는 구조라는 것을 알기 때문에 항상 감사한 마음을 잊지 않는다. 나의 주식 스승님께서 항상 하시는 말씀이 있다. "내가 살아보니 투자뿐만 아니라 돈을 더 벌기 위해 욕심을 가지면 단기간의 이익은 보더라도 결국 다시 그 돈 얼마 안 가 떠나더라." 절대 욕심 부리지 말고 수익을 실현했을 때 항상 감사한 마음을 가지라고 했다.

우량주 같은 경우는 모두가 쉽게 접근했다. 누구나 다 알 수 있는 브랜드와 능력 있는 CEO가 경영하는 기업에 투자했다. 테마주만큼 등락 폭이 크지는 않지만, 안정성이 있다.

시가 총액 순위 10위 안에 드는 기업으로 선정한다. 좋은 기업이라고 해도 생각 없이 들어가면 안 된다. 우량주 투자가 최대한 손실을 보지 않는 방법이라고 생각한다. 회사에 대해 분석을 하지만, 사실상 주린이가 기업 분석을 하기는 쉽지 않다. 주식에 입문할 때 일상생활에서도 쉽게 주식을 찾을 수 있었다. 나는 보통 신문에서 성장하는 기업의 정보를 파악하여, 현재 일상 속에 대입해 앞으로 발전 가능성이 더 크게 성장할 가치의 회사를 찾는다. 이런 식으로 생각을 하게 되면 일상 속 대화, 아이템 등을 분석하게 되어 지루한 일상에 가치가 보인다. 직장인은 장기 투자를 한다는 생각으로 꾸준하게 모으는 것이 마음 편하다. 떨어질 때 기준을 잡거나 아니면 매달 월급날 기준으로 조금씩 모아가는 것도 좋다. 투자 원칙을 지켜야 한다.

마지막 성장주로 보자면 현재 실적은 저조하나 미래를 내다보는 방식이다. 성장주에는 기준은 딱 정해져 있지는 않다. 앞으로 향후 매출과 이익이 크게 성장할 것으로 예상되는 종목을 말한다. 예를 들어 앞으로 삼성전자처럼 크게 될 종목을 찾고 미리 들어가는 것이다. 내가 성장주에도 접근을 했던 이유는 주식 종목 전체가 어떤 사이클로 돌아가는지 확인하고 싶어서 시작했다. 장점이 있다면 우량주보다는 위험성은 있지만, 미래에 성장할 가치를 찾는다면 내 시간과 함께 수익을 창출할 것이다.

나는 전쟁터에 참가한 병사 중 한 명이다. 주식에 투자에서 고수들의 내공들을 배워 나의 상황에 맞는 투자 원칙과 스타일을 찾아가고 있다. 사람마다 주어진 환경과 시간은 다르다. 그러니 자신만의 환경에 맞는 주식 투자 방법을 찾아야 한다.

투자의 고수들 보면 대부분 가치투자가 많다. 다들 좋은 주식을 싸게 사서 비싸게 팔아야 한다는 점은 알고 있을 것이다. 그중 투자의 대가 워런 버핏의 투자 기법도 '가치투자'를 중시한다.

가치투자를 한다는 것은 그 기업의 잠재적 가치를 보고 단기적 시세 차익을 얻기보다는, 시장 가치가 저평가 되어 있는 잠재적 가치를 보고 투자한다. 나는 1년간 단기 매매를 하려고 하다 물려서 장기로 기다리는 경우는 봤어도, 장기 투자를 마음먹고 1년 이상을 보유한 경우를 본 적은 드물다. 장기 투자 한다고 마음먹어도 결국 어느 순간 팔게 돼 있다. 확실하게 기준을 정해야 된다. 장기 투자할 종목은 미래 가치를 보고 그 순간까지는 팔면 안 된다. 떨어진다고 낙심하지 말고 오히려 더 싸게 모아 갈 수 있는 기회라고 생각해야 한다.

세계 투자의 대가인 워런 버핏, 앙드레 코스톨라니, 고레카와 긴조 같은 시대를 대표하는 투자자들도 성공의 자리에 오르기까지 겪게 되는 모습은 엄청나다. 사실 사람들의 시선은 성공한 모습만 보이지 그 실패의 과정들은 생각을 안 한다. 결국 수많은 경험을 통한 과정이 있기에 성공한 투자자가 될 수 있었다고 생각한다.

헝가리의 워런 버핏이라고 불리는 앙드레 코스톨라니는 "성공적인 투자자는 100번 중 51번 이기고 49번 잃는다."라는 명언을 했다. 사람마다 각자의 생각이 있기 때문에 해석하기 다르다. 나는 이렇게 생각한다. 결국 성공한 투자자들을 보면 기업을 매일 사고팔지를 않는다. 장기로 꾸준하게 멘탈 관리, 자신만의 원칙과 방법을 연구하여 그 끝에 빛을 본 것이다. 빛을 보기까지 그 어둠의 그림자, 그 과정들을 잊지 말자. 쉽게 수익을 본 만큼 손실이 나는 것은 너무 쉽기 때문이다. 우리는 자신이 감당할 수 있는 금액을 정해서 투자하자. 잃는 것에 연연하지 말고 지식을 샀다고 생각의 관점을 바꾸어 바라볼 수 있다. 대신 같은 실수가 반복되면 안 된다. 세계적인 성공한 투자자를 롤 모델로 삼고, 실전 투자와 병행해가면서 발전해가길 바란다.

05

불확실한 시대에
나를 지키는
현실적인 투자를 해라

코로나19 이후로 신조어들이 생겨났다. 영혼까지 끌어모아 투자한다해서 '영끌', 빚을 내서 투자한다는 '빚투'. 많은 사람이 '주식으로 인생을바꿔보겠다'라고 극단적인 선택을 한다. 한탕주의자로 일을 해서 열심히모은 돈을 전부 홀딩하여 쪽박을 보는 경우도 많다. 불확실한 시대가 지속되면서 주식시장의 투자 심리는 점점 패닉 상태에 빠지고 있다. 너도나도 쉽게 접근해서 이른바 '물렸다'고 한다. 사람마다 다르지만, 주린이들은 매수했는데 고점에 들어가 처분 못 하고 떨어졌을 때 보통 물렸다고 말한다. 장기 투자자들은 해당 사항이 없다. 단기로 투자를 바라보는게 아니니 말이다. 주린이들은 사는 순간 오르길 바란다. 말처럼 그게 되면 다 부자 됐다. 그만큼 현실적으로 냉정하게 판단해야 한다.

　내가 주식에 입문하면서 느꼈던 것을 정리하자면, 주린이들은 자신을 믿으면 안 된다. 실제 20년 이상 동안 투자 고수들도 주식에는 정답이 없다고 했다. 자기 자신이 통제가 안 되면 절대 무리하지 말자. 절대 올라간다고 따라 들어가지 말아야 한다. '뉴스는 악마의 속삭임이다.' 너도나도 떠들어 대면 절대 사지 마라. 그때가 고점일 가능성이 크다. 대부분 뉴스에 좋은 호재가 나왔을 때 그전에 선반영된다.

　직장인들이 단타 쳐서 성공할 확률은 1%라고 한다. 큰손과 기관들도 다들 가치 투자를 한다. 주린이는 사실상 불가능하다. 현실적인 투자 스타일을 찾자. 대부분 시간이 없는 관계로 장기 투자를 하는 것이 가장 현실적이다. 신용융자, 대출로 투자는 절대로 하면 안 된다. 빚투는 돈을 벌겠다는 욕심이다. 주린이들은 절대로 투자 금액을 늘리지 말고 여윳돈으로 해야 한다. 좋은 주식을 찾아서 빠졌을 때 오히려 사모아야 한다. 투자의 대가들도 장기 투자를 한다. 장기 투자에서는 결국 인내심이 강한 사람이 돈을 번다. 주린이나 직장인에게 가장 유리한 투자 방법이다. 아무 생각 없이 올라갈 것 같다는 감으로 들어가지 마라!

　청약 공모주도 잘 활용하면 용돈 정도는 벌 수 있다. 나는 이런 이벤트가 있으면 기업 분석을 하여 여유 자금으로 신청한다. 200만 원 정도로 하는데 1~3주 정도 받았다. 공모주 청약은, 신규 상장 기업의 주식을 배정받기 위해 청약하는 것이다. 신청하는 게 어렵지 않다. 상장 종목을 미리 볼 수 있다. 보통 상장을 하고 사는 경우가 있다. 상장일에는 하락할 리스크가 크다. 상장 이후 '기대감'으로 상승한다. 청약에 떨어졌다고 상장일에 무리하게 따라 들어가는 일은 없길 바란다.

결국 싸게 사서 비싸게 파는 게 답이다. 좋은 기업이라도 비싸면 사지 말아야 한다. 무조건 싸다고 좋은 것도 아니다. 1년 안에는 갈 만한 섹터를 찾아봐야 한다. 트렌드를 따라가기 위해 계속 신문 읽기와 공부와 실전 투자를 병행해야 한다. '아는 만큼 보인다.' 실력이 늘수록 투자의 시야가 넓어진다.

투자하다 보면 의지와 다르게 절제가 안 되어 들어가는 경우가 있다. 항상 나 자신을 계속 다스리는 훈련을 해야 한다. 현실적인 투자를 하기 위해서는 자기 마음을 다스릴 줄 알아야 한다. 주식의 시작이자 끝은 결국 심리 싸움이라고 말한다.

처음 시작할 때 나에 대해 파악하기 위해 급등하는 종목을 따라 사봤다. 매수하는 순간 10% 이상 올랐다. 나는 그냥 아무 생각 없이 욕심으로 들어갔다. 막상 수익을 보니깐 '아, 더 오를 거 같은데? 조금 더 기다려 봐야겠다.' 하고 기다렸다. 근데 23% 이상 올랐던 거다. 여기서 탐욕까지 느껴졌다. 여기서 만족해도 모자랄 판에 또다시 생각이 바뀌었다. 갑자기 자기만의 착각에 빠진다. '어차피 소액인데 그냥 가지고 가자! 상한가 갈 수 있겠다.' 하고 가만히 방치했다. 시간 지나 다시 확인해 보니, 그 23% 이상이었던 수익이 하한가로 갔던 거다. 나는 주식을 하면서 이런 경험은 처음이었다. 분명 수익권이었는데 원점도 아닌 -30%를 찍었다. 막상 떨어지고 나면 '아까 그냥 수익권이었을 때 팔 걸.' 후회를 하게된다. 그만큼 주식시장에서 나 같은 생각에 욕심을 부리면 피해를 보는 경우가 많다.

반대로 내가 좋은 종목을 찾아서 한 주씩 사 모았다. 공부하면서 하루의 변동을 알기 위해서 투자를 해봤다. 사실 내가 직접 돈이 들어가야 관심을 두게 된다. 돈이 들어가지 않을 때는 크게 열정이 식었는데, 내 돈이 직접 들어가니깐 더 확신하기 위해 공부를 하게 된다.

그 순간부터 내 종목에 대해서는 정보가 잘 들린다. 그렇게 모으면서 시간이 지났을 때 꾸준하게 우상향을 그렸다. 매수만큼 어려웠던 게 매도였다. '들어가려고 하니 떨어질 수도 있고 팔면 더 오르면 어쩌지!' 나는 자신만의 기준과 원칙을 정하자 가치투자로 가게 된다면, 분할로 매도 후 지켜보다, 떨어지면 더 모아간다는 생각으로 투자했다. 여유자금으로 한다면 조급한 마음도 없고 편하게 주가의 흐름을 기다릴 수 있다.

직접 정도로 경험을 해보면 직접 경험을 해봐야 알 수 있다. 주식은 나 자신을 다스리는 것부터가 시작이다. 기회는 언제나 온다. 항상 대중들과 다르게 생각하는 통찰력을 키우는 훈련을 해야 한다.

주린이가 피해를 보지 않기 위해서 나는 1주씩 사서 보는 것을 추천한다. 1주가 50만 원이 넘어가는 것도 많다. 초반에는 여유 되는 선에 시작해서 주가의 흐름을 파악한다. 본업에 집중하되 주식에 너무 몰입하지는 말아야 한다. 계속 보고 있다고 오르는 건 아니다. 절대로 급하면 안 된다. 인내심을 길러야 한다. 냉정하게 바라보고 투자하자. 주식에 있어 상장폐지도 있다. 투자한 금액 전부 날리는 수가 있으니 주의하자.

이제 핸드폰 하나만 있으면 할 수 있는 게 주식 투자다. 적은 비용으로도 투자할 수 있다. 사고파는 게 쉬운 만큼 투자가 아닌 투기로 바뀌는 경우가 많다. 항상 돈을 소중히 여기고 감사하게 생각하길 바란다.

목표 수익률을 낮춰야 한다. 정 자신이 종목에 확신이 없다면, 펀드에 투자하는 방법도 있다. 하지만 주린이들은 적은 돈을 투자해 주식으로 돈을 번다기보다는 공부하기 위해 수강료 낸다 하고 생각해야 한다. 버는 것보다 잃는 게 더 쉽다. 저렴한 실전 강의료라고 생각해서 소액으로 병행한다. 초보자는 돈을 유지하는 것만 해도 잘하는 거다. 절대 욕심이 생기면 돈은 새어 나간다. 항상 조급해하지 말고 천천히 적은 금액으로 공부를 해야 한다.

　나는 뉴스나 신문을 보지도 않았던 사람이다. 지금은 투자에 관련된 것들만 눈에 들어온다. 내가 부족한 걸 알기에 채워야 해서 공부를 하게 되고 일상 대화 속에서도 경청하며 친구들이 재직 중인 회사에 대에서 분석하게 된다. 어떻게 보면 피곤하다고 볼 수 있지만 슬기로운 투자 생활에 입문하게 된다면 분명 일상에 지루할 틈이 없을 정도로 가치 있는 삶을 살아간다. 실제로 투기로 시작해서 큰돈을 잃은 친구와 투자에 거부감이 있던 친구에게도 내가 해왔던 원칙과 방식을 가이드만 해줬다. 그 친구는 직장을 다니면서도 즐겁게 투자에 입문하게 되었다. 내가 알려줬던 건 돈을 벌게 하는 기술이 아니다. '돈을 잃어보면서 느낀 건' 주식은 도박이 되어선 안 된다는 것이다.

　이제 막 시작한 주린이는 말도 안 되는 투자를 하고 있다. 급등하는 주식에 올라타 손실을 보거나, '급등하는 주식 공유해 드립니다.', '수익 100%'와 같은 SNS 문자 등, 이런 말도 안 되는 거에 현혹되어 시작했다가 피해를 보는 사례들이 이제는 없었으면 좋겠다. 워낙 코로나 이슈로 사회 초년생, 대학생까지 너도 나도 시작하는 주식 투자로 돈을 벌고 싶은 마음은 안다. 힘들게 고생해서 번 돈 잃으면 얼마나 마음이 아픈가,

초보자는 수익을 벌 수가 없다. 잃어도 타격이 없는 돈으로 시작해야 한다. 검증된 성공 투자자들의 책들을 보면서 공부해야 한다. 실패도 해봐야 실패에서 얻은 깨달음을 알게 된다. 현실적인 투자는 세상을 바라보는 마음을 다르게 가지는 것이다. 우리는 친구들과 만남에 쓰는 비용은 크게 생각을 하지 않는다. 쓰고 나서 후회한다. 그 돈 절약해서 주식으로 1주씩 모아나가면서 동행해나가는 상황에 맞는 투자를 하는 것이 바람직하다. 현실적으로 본업을 버리고 전업 투자로 가서는 절대 안 된다. 중요한 것은 '탐욕을 다스리는 마음가짐'이다. 나를 다스리며 인내심을 갖는 즐겁고 바른 생활 투자자가 되길 바란다.

06

일해서 번
근로소득을
자산소득으로 바꾸자

20대에 투자하는 사람들은 생각보다 많지 않다. 사회 초년생일수록 투자에 관해 공부해야 한다. 다들 정신없이 바쁘게 살아가고 있다. 생계를 유지하기 위해 각종 아르바이트 등 돈을 벌기 위해 누구나 다들 열심히 살아간다. 경제적 문제, 스펙, 취업 등 신경 써야 할 부분이 한두 개가 아니다. 경제적 여력이 있는 사람들은 유리하지만, 현재 20대 대부분 아르바이트하며 생활비를 마련하기 위해 살아간다. '20대 청춘이 아름답다.' '젊음이 좋다.'라는 말을 많이 들었을 것이다. 아마 청년들 대상으로 조사를 한다면 대부분 공감을 하지 못한다. 나 또한 그랬다. 평범한 사람들은 대부분 취업을 준비하거나 다시 대학교 복학을 하거나 아니면 백수 생활을 지속하거나 여러 부류로 나뉜다. 장사하고 사업을 시작하는 사람은 극소수다. 20대들의 현실은 각박하다.

나는 돈을 많이 벌고 싶었다. 돈을 벌고 싶은 열정과 야망이 컸다. 그렇지만 근로소득 외에는 방법을 몰랐다. 친구들과 대화를 하면 "나 나중에는 꼭 성공해서 부자 될 거야." 현재에 만족하며 살 수 없다. 만나면 항상 남들이 보면 막연한 꿈이다. 이런 말도 안 되는 소리를 해왔다. 처음에는 내가 이런 말들을 하면 가족이나 주변 지인들은 반감을 표했다.

"직장인 월급은 한정되어 있는데 어떻게 부자가 되냐."
"꿈을 꾸는 건 좋은데, 너무 비현실적이지 않냐?"

군대 전역 후에는 주변에서 "예전이랑 매우 다르다, 많이 변한 거 같다." 이런 소리를 들었다. 그동안 사람들에게 나를 맞췄지 내가 원하는 대로 살았던 적은 없다. '나 힘들게 살았다, 위로해달라.'라고 엄살은커녕 어릴 적부터 혼자 감당해왔다. 혼자 감당을 하다 보니 어린 나이부터 무리도 하고 실패도 경험하고 좌절한 순간도 많았다. 현재 삶에 안주하고 살았다. 전역 후의 시간은 나를 발전하기 위해 시간을 보냈다. 사람을 바꾸는 데 의지도 중요하지만, 환경에 따라 큰 영향을 받는다는 걸 알았다. 그때부터 나는 혼자서 감내하지 말고 나를 표현하기 시작했다. 내가 부족한 점을 인정하고, 부자가 되기 위해 부자들을 찾았다.

"가난한 사람들은 절대 부자가 될 수 없다, 절약과 적금만이 살길이다." 이런 영향을 많이 받았다. 20대들이 쉽게 부자들이 하는 생각을 알게 되고 그들을 직접 만나보는 것은 쉽지가 않다. 하지만 책 속에서는 그런 사람들을 볼 수 있다. 적금이나 아니면 투자 쪽도 하면서 돈을 모은다고 한다. 내 또래 친구들은 대부분 졸업생이거나 이제 막 취업을 하게 되어 재테크 쪽에는 관심을 두지는 않았다.

나는 친구들이 공부하면서 학력을 쌓을 때 재테크 공부를 시작했다. 어릴 적부터 성공을 꿈꾸지만 행동하지 않았다. 나를 바꾸기 위해 처음 접했던 재테크 책이 투자의 대가 워런 버핏이었다. 『워런 버핏처럼 부자 되고 반기문처럼 성공하라』라는 책이다. 지금 삶에 안주하면 절대 될 수 없다고 생각했다. 나의 첫 인생의 멘토다. 부자의 비결, 생활 습관, 처세술 등 다 누구나 한 번쯤은 들어봤을 법한 기본적인 사항이다. 하지만 성공에 있어 가장 사소한 걸 나는 실천을 하지 않았다.

펀드, 보험, 주식, 부동산 등 다양하게 접해봤다. 투자라면 직접 발품 팔아서라도 알아가려고 했다.

일단 나는 재테크 관련해서 공부를 해봐야겠다고 생각했다. 지금 내가 할 수 있는 건 적금 아니면 투자다. 투자에 입문하면서 도움이 많이 되었던 책이 있다. 재테크 분야에서는 베스트셀러다. 바로 김승호의 『돈의 속성』이라는 책이다. 저자가 누구인가 보니, 가난의 가장 바닥부터 거의 최상급의 자수성가하신 분이다. 한인 기업 최초 글로벌 외식 그룹인 스노우폭스 그룹의 회장이다. 김승호 저자의 투자 원칙뿐 아니라 삶의 자세와 돈을 인격체로 대해야 하는 이유와 방법 등 여러 가지를 가르쳐준다. 투자 입문하기 전에 읽으면 좋다고 생각한다. 이 가치를 제대로 받아들인다면 이전과는 분명 차이 나는 삶을 살아가도록 길잡이 역할을 해준다.

김승호 회장님이 하신 말씀 중 "만약에 주식 투자를 하려 한다면 마치 회사를 경영하듯, 대학 학부 과정을 다니듯, 4년은 공부하라고 한다. 좋은 선배가 있다면 수업 시간을 줄일 수 있다고 한다. 그중 워런 버핏, 벤저민 그레이엄, 하워드 막스, 앙드레 코스톨라니 같은 분들이 '투자 선생'이다. 적어도 3개월은 주식 관련 유튜브 동영상 수백 개를 모조리 보고 관련 서적을 읽어야 한다."라고 하셨다. 그만큼 주린이가 주식시장에서 노력 없이 수익을 가져가기는 어렵다. 하지만 근로소득 말고도 부가적인 수익을 만들 수 있는 시스템이 있다는 게 나에게는 엄청난 희망이다.

20대일수록 투자를 해야 한다고 생각한다. 나는 내가 돈을 가지고 있으면 생각지도 못한 곳에서 지출이 빠진다. 갑작스러운 사고 등 아니면 나에게 소비를 하면 마이너스가 되는 자산에만 쓰게 된다. 그렇지만 오로지 돈을 전부 적금만 들게 된다면, 월급에 안주하지 못하고 불만 등이 쌓이게 된다. 자기가 기준을 정해서 투자 포트폴리오를 만들어야 한다. 투자하지 않고서는 시간이 지나면 격차가 벌어질 것이다. 내가 일하지 않아도 돈이 굴러가는 구조를 만들어야 한다. 직장인이 사업, 장사하기는 어렵다. 재테크에 가장 기본은 적금으로 시작해서 입문하기 좋은 올바른 주식 투자를 시작해야 한다.

메리츠자산운용 존 리 대표는 '주식 전도사'라고 불릴 정도로 주식 투자를 강조했다. 초보들을 위한 투자 추천법에 대해 그는 "기업의 가격이 아니라 가치를 따져야 한다."라며 "내가 주인이 되고 싶은 회사를 찾아 동업하겠다는 투자 철학을 갖는 것이 중요하다."라고 강조했다. 갖고 싶은 회사', '내가 사장이 되고 싶은 회사'를 찾으면 된다. 이게 주식 투자 철학이라고 했다. 그뿐만 아니라 세계적인 투자의 대가를 보면 대부분 가치투자자다. 나에게 주식을 알려줬던 사장님이 늘 하신 말씀이 있었다. "여러 기법을 다 해봤지만, 주식 투자자가 끝으로 찾는 투자 방법이 가치투자다." 라고 말씀하셨다. 지금은 투자와 공부를 같이 병행하면서 모아가며 마이너스 자산이 아닌 플러스가 될 수 있는 자산으로 바꾸는 게 정답이다.

20대는 돈이 없다고 하지만, 이제 애가 아니고 성인이다. 원하면 직접 돈을 벌어서 먹고 싶은 거 먹고 사고 싶은 거 살 수 있다. 늦었다고 생각할수록 지금 당장 해야 한다. 오히려 환경이 좋지 않을수록 투자는 해야 한다. 가면 갈수록 빈부격차는 발생한다.

주식으로 단타를 해서 돈을 벌려고 해서는 안 된다. 호기심으로 시작했다가 나도 피해를 봤던 적이 있다. 오로지 돈을 벌기 위한 목적으로 뛰어들면 절대로 돈을 벌 수 없다. 항상 수익을 좇기 위해 시장에 참가했다가 패배를 맛본 적이 한두 번이 아니다. 하지만 내가 찾은 종목을 믿고 주주로서 동업한다면 그 종목은 알아서 열심히 돈을 벌어주며 불려준다. 내가 투자한 금액은 기업이 성장하는 데에 도움을 주는 것이다. 이런 마음으로 투자를 배웠다. 좋은 마음으로 시작하게 되면 빠져도 불안한 마음보다 마음의 여유도 찾아준다. 열심히 성장하고 있는 회사는 결국 끊임없이 성장할 것이다. 근로소득만으로는 결국 직장에서 만족할 수는 없다는 걸 알았다.

새로운 나를 위한 발전을 끊임없이 공부하며 투자를 하면 그 성취는 다르다. 한정되어 있는 월급에 안주하지 말고 나의 열심히 일한 근로소득을 플러스가 되는 자본소득으로 바꾸어야 한다. 늘 주식 투자하는 데 초심을 잃으면 안 된다. 마음가짐에 따라 승패가 나뉜다. 대부분 주식 투자로 손실을 봤다는 사람들의 말을 들어보면 돈을 벌겠다고 총과 방패도 없이 전쟁터에 뛰어든 것과 다름 없는 일을 했다. 항상 정답은 없지만, 주식에 있어 어떤 마음가짐으로 투자를 하느냐에 따라 세상을 바라보는 시야가 달라질 것이다.

07

주식 투자에 있어
무엇보다
멘탈 관리가 중요하다

주식은 절반이 심리 게임인데, 일반인 투자자들은 쉽게 흔들리고 버티지 못하고 손절매를 하게 된다. 처음에 확신하고 투자에 참여해도 지속적인 하락과 조정 기간이 길어져, 불안한 마음이 앞서 매도하는 일도 있다.

손실을 복구하고자 다시 급등하는 종목에 겁도 없이 올라타서 급락의 지옥행을 맛본 경험도 있을 것이다. 훈련되어 있지 않으면 손실이 났을 때 복구하려는 심리가 생겨 무리하게 하다가 더 큰 손실로 좌절을 보는 경우가 많다. 이처럼 제대로 된 훈련이 되어 있지 않으면 이런 참사가 발생한다.

현실에 치여 부정적인 시각으로 바라보는 친구가 있다. 친구는 항상 투자에 대해서는 부정적인 시각으로 보고 항상 모든 일이 되지 않으면, 매사에 불만을 품었으며, 멘탈이 약했다. 무언가를 시작하기에 앞서 쉽게 포기를 한다. 그 친구는 회사의 삶에서 회의감이 든다고 했다. 항상 같이 만나면 회사에 대해 안 좋은 시선으로 바라봤다. 환경도 그렇고 예전에 나를 보는 느낌이 들어서 내가 배웠던 투자의 철학과 지혜를 친구한테 그대로 단계별로 하나씩 알려주었다. 주식 투자에 있어 만 원만 손실이 나도 불안해할 정도로 멘탈이 약한 친구였다. 나는 실패를 해도 괜찮으니까 너 자신에 대해 확신을 가지라고 말하였다. 처음에 친구가 매수했던 종목이 있다. 종목을 찾는 방법을 알려주고 선별해보라고 했다. 앞으로 멘탈이 강한 투자자가 되길 바랐다. 처음 시작 시에는 투자금을 늘리지 않고 소액으로 트레이닝을 시켰다. 처음 시작한 종목은 코로나 백신 관련주였다. 매수한 이후 계속 손실이 나고 있었다. 여기서 친구는 나에게 하소연을 했다.

"준혁아, 나 그냥 매도할까? 더는 못 버틸 거 같은데."
"야, 너 그 정도로 멘탈이 약해빠지면 어떡하냐, 너 종목 보유한 지 한 달도 되지 않았는데, 이걸로 흔들리면 앞으로 투자 못 해."

친구는 과거에 비트코인으로 손실을 본 트라우마가 있어 더 불안함을 느끼는 것도 있었다.

손실이 너무 커 불안하고 멘탈이 흔들린다. 나는 확신 있게 샀으면 기다리라고, 코로나도 이제 심각해지는데 당장 떨어진다고 매도할 거면 애초부터 시작하지 말았어야 했다고 자극을 주었다. 결국 다 견디고 큰 수익을 냈다. 나중에 다시 전화가 왔다.

"고마워, 그때 네가 내 멘탈 안 잡아줬으면, 손실 보고 매도하려고 했었어."
"고맙긴, 뭘 서로 돕고 돕는 거지. 다음부터 너만의 확실한 기준을 지키면서 성투하길 응원할게."

그 친구에게 4개월 동안 거의 시간 될 때마다 만나면서 종목 찾는 법, 주식에 대한 마음가짐, 기본적인 원칙, 하지 말아야 할 투자 등 주식에 쉽게 이해할 수 있게 길잡이 역할을 해줬다. 지금은 혼자서도 경제 책과 각종 강의를 보면서 자신만의 기준과 원칙을 지키며 수익도 실현하며 현명한 투자가로 성장하고 있다.

투자에 있어는 가장 중요한 것은 멘탈이다. 실력을 쌓기 위해 공부하면서 발전하는 것도 좋다. 단순하게 욕심으로 시작되거나 투기로 시작했다. 이런 생각이 든다면 다시 점검하길 바란다. 가장 중요한 건 자신만의 투자 스타일을 찾아 원칙을 지키면서 해야 한다는 것이다. 자신이 어떤 성향인지 알아야 한다. 한 종목을 사서 진득하게 버틸 수 있는지 아니면 주가가 빠졌을 때 심리에 쫓기는 스타일인지 파악한다. 나도 처음에는 나의 성향을 투자를 통해 알았다.

'돈도 잃어본 놈이 돈도 버는 거다.' 자신이 돈을 벌다 보면 실력으로 착각할 때가 온다. '이제 금액 좀 더 늘려볼까?' 이때가 가장 주린이에게 위험한 신호가 찾아온 거다. 자신도 모르게 자신감이 붙어 함께 들어가 패배를 보게 된다. 첫 패배에 주식을 그만두게 될 수도 있다. 소액으로 직접 종목을 사가면서 자신의 성향을 파악하는 것이 좋다. 여러 유튜브와 책, 멘토들을 만나면서 세운 나만의 투자 원칙은 현재 이렇다.

주식을 투기라고 생각하지 말고 사업가의 마인드로 시작했다. 주식은 사고파는 게 정말 간편하고 쉽다 보니, 투기처럼 하게 될 때가 있다. 그래서 종목을 사더라도 신중하게 분석해서 정했다. 주식을 시작할 때 1년 동안은 내 돈이 아니라고 생각하자. 그 기간 동안 1주씩 주식을 사가면서 주가의 흐름을 파악했다. 초반에는 매매일지도 작성한다.

첫 번째, 소문에 따라 들어가지 말고 직접 분석하여 확신 있는 종목을 매수한다. 소문이 난 종목이어도 귀 닫지 말고, 왜 그 종목에 관심을 두고 있는지 분석해서 내공을 쌓자. 매수할 때 내가 왜 이 회사에 투자하는 지 정확하게 알고 있어야 한다.

두 번째, 아무리 좋은 종목이라도 급등한 후에는 들어가지 않는다. 경험상 급등하고 있을 때 '더 오를 거 같은데?' 그때가 고점이었다. 내 기준과 원칙이 명확해질 때까지는 나 자신도 의심해야 한다.

세 번째, 팔 때까지는 절대 내 돈이 아니다. 나 같은 경우는 장기로 볼 종목 한 개, 주식의 흐름을 배우기 위한 단기 종목 한 개 해서 두 개로 관리했다. 급상승할 때 분할 매도도 한다. 하다 보면 이런 생각이 들 때가 있다. '내가 팔면 올라가던데?' 그 잠시 몇 퍼센트 벌겠다는 욕심이 결국 손실로 가는 지름길이다.

네 번째, 홀딩은 하지 말자. 결국 홀딩하겠다는 건 자기 자신의 확신이 있다는 건데, 주식에는 정답은 없다. 홀딩하면 결국 심리에 쫓길 위험이 크다. 현금을 10~30% 보유한다. 감내할 수 있는 한도를 정해두자. 주식은 하루하루가 전쟁터다.

다섯 번째, 나 자신을 다스려야 한다. 절대로 휘둘리지 않아야 한다. 결국 판단은 본인 스스로가 한다. 주린이일수록 돈을 버는 것에 초점을 두기보다 자신의 성향과 스타일을 찾아가며 경험을 쌓아가는 것이 바람직하다.

성공한 투자자들의 책과 유튜브로 투자 고수들을 만나 보면 알게 되는 공통점들이 있다. 인간에 대한 통찰력과 경제 흐름을 파악하는 데 뛰어나다는 것이다. 무엇보다 겸손한 자세와 마인드 컨트롤을 중요시한다. 고수들은 이런 훈련을 거쳐도 주식에는 정답은 없다고 한다. 그러니 시작부터 너무 욕심을 부리지 말고, 즐겁게 투자를 시작했으면 좋겠다. 무엇보다 많은 경험이 쌓여야 한다. 직접 투자를 해봐야지 자신이 어떤 성향인지 알 수 있고 책에서 나온 내용이 이해가 더 잘된다.

처음 시작에는 멘탈 관리가 잘 안 된다. 금액을 정해 1주씩 모아가는 것도 좋다. 어떤 종목을 사야 할지 모른다면 본인이 다니고 있는 회사를 사는 것도 좋다. 재직 중인 당신이 더 잘 알 거다. 투자에 있어 스스로 마인드컨트롤 하는 것이 중요하다. 하루 차트를 보면 분 단위로 보면 정신없이 움직인다. 봐도 모를 뿐더러 멘탈만 나갈 것이다. 전문 트레이더를 상대하기는 사실 쉽지는 않다. 직장인이면 더욱더 투자하기 힘들고 무턱대고 들어가다 손실을 볼 확률이 높다. 직장인이면 사실상 데이트레이더들처럼 하기는 시간도 없고 힘들다. 그래서 직장인들은 훌륭한 기업에 투자하여 멘탈 관리하며 장기로 모아가는 게 좋다. 이익을 보려고 무작정 투자하게 되면, 멘탈만 망가진다. 직장생활에도 지장이 가고 멘탈도

망가지고 이익 좇다 '두 마리 토끼' 다 놓치게 된다.

　나는 주식을 하면서 하나는 장기적으로 들고 갈 수 있는 한 종목, 또 하나는 소액으로 통찰력을 기르기 위한 데이트레이닝 훈련을 한다. 주식을 하다가 쉬면 감도 떨어진다. 경험이 쌓이면 적응하게 된다. 나도 아직 경험하지 못한 상황들도 많다. 다시 악재가 터져 공포장이 찾아올 수 있다. 알다가도 모르는 것이 주식 투자다. 항상 대비해야 한다. 주린이들은 상승장에는 매수하다가 수익이 나면 현명한 판단을 잘하지 못한다. 반대로 주가가 하락하게 되면 멘탈이 흔들리며 근거 없이 최대한 버티기나 투매를 하기 쉽다. 팔았는데 급등해버려도 멘탈이 나간다. 이런 경험을 겪는다면, 멘탈을 꽉 잡고 경건한 마음으로 공부와 경험이 필요하다. 투자에 크게 상처를 받아 '주식 투자는 사기다.' 이런 트라우마가 되면 안 된다. 주식을 평생 함께 해나가려면, 지식이 많고, 주식을 아무리 잘 알아도 '멘탈이 무너지면, 수익을 보기는 힘들다. 올바른 투자를 하지 못하고 심리가 불안정해질 것이다.'라는 사실에 유념하도록 하자. 마음 급하게 주식 투자를 하지 말자, 오늘만 하는 게 아닌 미래를 바라보는 투자자가 되길 바란다.

MUST HAVE FIVE TOOLS

Dreams, Self-improvement, Stocks, Real estate, Exercise

20대에
꼭 알아야 할
5가지 공부

4장

부동산 투자, 내가 부동산을 통해 깨달은 것

01

부동산에
관심을
갖게 되다

부동산은 사실 나에게는 부동산에 '부'만 들어도 꺼내기 싫은 악몽 같은 존재였다. 어렸을 때, 주유소 사업 부도로 인해 집은 경매로 넘어갔다. 우리 집은 갈수록 형편이 어려워졌다. 전세, 월세를 전전했다. 임대차 계약이 끝나면 이사를 많이 다녔다. 어린 나이에 나는 이사를 하는 게 우리 집 형편이 어려워진다는 것임을 크게 생각하지도 못했다. 생각 없이 친구랑 집도 가까워지기도 해서 이사하는 게 설레고 좋았다. 점차 나이를 먹으면서 이사를 하는데 집이 계속 평수가 작아졌다. 3자녀인 상태에서 너무 비좁은 공간에서 지내게 되면서 나만의 공간이 없어 답답했다. 나는 어머니에게 어린 마음에 물었다.

"엄마, 우리 집 너무 좁은 거 아니야?"

"당분간은 답답해도 참아. 네 아버지를 탓해라."

나는 처음에 무슨 말인지 잘 몰랐다. 나는 우리 집이 재개발되면 다시 넓은 데로 이사하는 줄만 알고 있었다. '잠시, 머물러 가는 곳이겠지.' 생각했다. 시간이 지나도 크게 변화는 없었다. 나중에 내가 고등학생이 되고 나서 어머니께서 "이제, 너도 다 컸으니깐 지금부터 엄마가 하는 말 잘 들어." 차차 우리 집 사건에 대해서 하나씩 말해주셨다. 나는 눈치챘다. 다시 못 돌아갈 거라는 걸. '사업이 부도났구나! 집안이 어려워진 게 맞았구나.' 짐작은 했지만, 마음 한편으로는 아니길 빌었다. 아예 나는 신경을 쓰고 싶지 않았다. 그때부터 나는 부동산에 대해 차차 알게 되었다. 들기로는 내 명의로 땅도 있었다고 한다. 그때 부동산 자산들을 빼앗기지 않았으면, 지금쯤 시세는 억 단위로 올랐다. 나는 부모님에 원망은 전혀 없다. 부모님께서 세 자녀를 키우면서도 힘들다는 내색을 한 번도 하지 않았다. 부모님 영향을 받아 장남인 내가 일찍 철이 들어야 했다. '기간이 얼마나 걸릴지는 몰라도 나는 꼭 자수성가한다.' 이런 마음은 항상 있었다.

'일찍, 나라도 독립을 해서라도 피해를 주지 말자.'

'빨리 졸업하여 취업을 나가 돈을 벌자.'

이런 마음만 가득했다. 장남으로서 집안에 큰 도움이 되고 싶었다. 친구들과 학생 때 대화를 해도 나는 친구들에 진로에 대해 많이 물었다.

"학교 졸업하면 뭐 할 거냐?"
"글쎄다, 아직 크게 생각 안 해봤는데."
"그럼 너는 졸업하면 뭐 할 건데?"
"나는 취직해서 돈 많이 벌어서 부자 될 거야."

학생 때부터 강한 열망을 품었다. 항상 나처럼 미래에 대해서 걱정 많은 친구랑 학생 때 진로에 대해서 많은 대화를 했다. 내가 전역 후 큰돈을 잃고 나서 돈을 어떻게 벌어야 할지 막막했었다. 친구가 말해줬던 내용이 생각났다. 진로에 대해 함께 고민하던 친구 부모님의 사연들이 생각났다. 처음에는 돈도 한 푼도 없었고 집안이 엄청 가난했다고 한다. 할아버지가 투자금 마련해주셔서 그 돈으로 서울 쪽에 부동산 투자를 했는데 성과가 좋아서 그때부터 점차 공부하면서 불렸다고 들었다. 실제 벌어들인 부동산 자산을 매도하게 되면 10억 정도 된다고 한다. 들으면서 느꼈던 것은 내가 살고 있는 현실인, 자본주의 세상에서는 열심히만 살면 절대로 부자가 될 수 없다는 것이었다. '부동산을 해야지만 이 현실보다 더 나은 삶이 될 것 같다'는 희망을 품었다. 내가 부자가 되기 위해 첫 번째로 해야 할 것은 부자들은 무엇을 통해 돈을 버는지 관심을 두는 것이었다. 하지만 실제로 부동산 투자를 하는 지인들을 알지 못했을 뿐더러, 방법을 몰랐다. 어떻게 접근해야 하나 싶었다. 처음에는 그냥 무작정 새로 지어지고 있는 아파트에 관해 관심을 가졌다.

'여기는 얼마 정도 할까? 나도 이런 데 투자를 하면서 나중에 월세 수익을 받으면 좋겠다.'라고 생각했다. 금액이 궁금해서 부동산에 관심이 있는 친구한테 "나랑 같이 여기 시세 알아보러 모델 하우스에 가자."라고 말했다.

그렇게 직접 가봤다. 가격을 문의했는데 가계약 시 10%, 잔금 30%인 약 6천만 원에 나머지는 대출로 해준다고 했다. 사실 나는 돈도 없는 상태여서 일단 듣기만 했다. 나는 담당 실장분한테 "그러면 여기 투자용으로 하면 어떠냐?"라고 물었다. 임대료는 1000/60~70 정도로 형성된다고 하였다. 나름 월세 수익으로 하면 괜찮겠다는 희망 사항만 갖고 예의상 "고민 좀 해보고 다시 연락드리겠다"고 말씀드리고 나왔다. 직접 한번 공사 중인 현장도 가보자고 했다. 실제 현장을 갔을 때 나름 주변 상권들도 괜찮고 '내가 여기서 살았으면 좋겠다'는 생각이 들었다. 초반에는 이런 식으로 청주 아파트의 주변 시세들을 파악했다. 아쉬운 것은 사실 이런 시세와 입지를 조사를 하면 할수록 현실과 괴리감만 든다는 것이었다. 평균적으로 아파트에 청약하려면 6천~1억은 있어야지 지방에서는 가능할 것으로 생각했다. 한편으로는 '언제 그 자금을 모을 수 있으려나.' 하는 생각에 좌절감이 들기도 했다.

단지 부자가 되고 싶은 열망으로 시작해 어릴 적부터 큰 지옥의 쓴맛을 너무 많이 맛보았다. 그러기 위해 돈이 되는 투자 수단에 계속 관심을 두고 연구했다. 돈이 많으면 행복한지는 아직은 잘 모르겠다. '그 정도 경지에는 도달하지 못해서' 하지만 확실한 건 돈이 없으면 정말 비참하고 불행하다는 거다. 돈 앞에서 한없이 작아져본 적도 있고 돈 때문에 비난도 당해봤다. 그런 일을 계속해서 당하지 않으려면 근로소득에 안주할 수가 없었다. 자본주의 세상 속에서 깨달은 한 가지가 있다면 '세상에는 절대로 공짜는 없다는 것'이다. 이건 돈 주고 배울 수 없는 큰 경험이다. 나에게 큰 시련이 오고 난 후 희망의 빛을 봤다. 인생의 멘토들이다. 무엇이든지 혼자서 해내는 것도 좋다. 도전적인 자세도 좋지만, '아는 만큼 보인다.' 내가 모르는 건 절대로 부끄러운 게 아니다. 부족한 점을 인정하고 나보다 더 성공한 사람들을 멘토로 만들어야지 더 큰 성장을 할 수 있다. 다만 항상 이건 명심해둬야 한다. 내가 받으면 받은 것에 반은 못 미치더라도 어느 정도는 꼭 베풀어야 한다. 아까 말했듯이 세상에는 공짜는 없다. 기브 앤 테이크다.

우연히 만났던 수많은 멘토 중 부동산에 처음 발 들이도록 용기를 주셨던 분이 있다. 그분은 부동산 투자에 대해 청년인 내가 관심을 두는 것이 아직은 어리고 부담스럽고 접근하기가 힘들다는 편견을 깨주시며 이렇게 말했다.

"부자가 되기 위해서는 부동산 투자를 꼭 해야 한다."
"실행하지 않으면 아무 쓸모없다. 실행으로 옮겨야지만 결국 답을 찾는다."

지금 와서 보면 그 이유를 알겠다. 처음에는 주식 투자에 입문했다. 주식 투자는 투자의 이해를 높이는 데 가장 실용적인 발판이었다. 평범한 직장인이 부자가 되는 데 부동산 투자는 부의 사다리를 올라타는 첫 다리를 놓아주는 역할을 한다. 내가 확신이 들지 않을 때 했던 말이 생각난다. "뭐든지 처음은 어렵지 막상 해보면 쉽다." 이 말을 했다. 처음 배운 건 돈의 흐름에 대한 관심과 마음가짐이다. 모든 투자는 기본이 되어 있어야 한다. 어떤 마음가짐을 가지고 행동하느냐에 따라 꺼져가는 불씨로 남을지 활활 타오르는 지속하는 열정을 가진 존재로 삶을 이어갈 수 있는지가 결정되고 그 선택은 오로지 자기 몫이다. 부동산에 관심을 두면 점차 보는 시야도 더 넓게 확장되어진다. 관심으로 끝나는 게 아닌 부동산 투자가로 공부를 하며 꾸준히 나아가고 있다.

내가 부동산에 관심을 가질 수밖에 없는 건 결국 환경이 그렇게 나를 만들었다. 나는 과거의 힘들었던 시절들을 극복해냈으며, 지금도 모든 시련을 이겨내며 성장하고 있다. 사실 나는 어려운 가정환경에서 지금의 내가 열심히 살아갈 수밖에 없던 원동력을 얻게 된 거다. 시간이 지나고 돌아보면 우리 집이 경매로 넘어가지 않고 남들처럼 평범하게 지내왔으면, 나는 그냥 삶에 안주하며 부동산 시장에는 눈을 못 떴을 거다. 과거에 나는 한계를 스스로 규정지었다. 나는 장남으로서 세상이 바뀌지 않으면, 내가 변해야겠다고 생각했다. 수많은 부자의 책과 부자들을 만나봤다. 부동산을 소유하고 있지 않았던 사람은 없었다. 워런 버핏은 "당신이 잠자는 동안에도 돈이 들어오는 방법을 찾아내지 못한다면, 당신은 죽을 때까지 일해야만 할 것이다."라는 말을 새기면서 지냈다. 직장에서 근로소득만으로 한계를 짓지 않기 위해 부동산에 발을 들였다. 나는 확신이 있었다. 과거의 데이터를 봤을 때, 결국 시간이 지났을 때 큰돈이 되어준 건 부동산이다.

02

세입자에서
집주인이
되자

세입자에서 집주인이 되는 과정까지 나에게는 다시 글로도 표현하지 못할 감당하기 힘든 무거운 짐들이 있었다. 여기서라도 해소하지 않으면 평생 후회로 남을 것 같았다. 나는 나답게 살기 위해 드러내기 시작했다. 부동산을 투자하며 나는 혼자서 해왔지, 주변 사람에게 알리지 못했다. 아니 할 수 없었다고 하는 게 맞는 표현이다. 내 가족, 친구들 모두 내가 집주인이 되었다는 사실을 전혀 모르고 있다가 책을 쓰게 되면서 하나씩 미스터리를 풀어나가고 있다.

앞서 말했지만 나는 다단계로 빚을 진 적이 있다. 쓰면서도 이 내용을 공개해야 하나 의문이 들었다. 이유는 나의 가슴 아팠던, 다시 꺼내기 싫었던 한순간의 기억이었기 때문이다. 하지만 내가 책을 쓰는 이유와 마찬가지로 진정성 있게 나를 드러내야 단 한 명에게라도 나의 별 볼 일 없는 경험들이 희망으로 남았으면 하는 마음으로 적는다. 사실 세입자에서 집주인이 되었다는 말을 듣는 순간 '뭐야, 집주인이 그래서 어떻게 된 거야?' 빨리 핵심을 말해달라는 반감이 들거나 왜 이런 이야기를 여기서 담는 것인지에 대해 의문이 들 수 있다. 하지만 이 과정이 있어 집주인이 될 수 있었던 퍼즐의 한 조각인 부분을 맞출 수 있었다.

다시 기억하기 싫었던 일부분 중 하나의 기억이라 사실 나는 잊기 위해 생각을 일절 하지 않으려 했다. 하지만 나의 책에는 20대가 살아가는 과정들을 진정성 있게 전달해야 독자들도 공감을 할 수 있다고 생각한다.

어릴 때부터 함께 지낸 친한 친구 한 명이 책을 왜 쓰는지를 물어봤다. 나는 '월세를 내고 지냈던 세입자에서 집주인이 되는 과정을' 친구에게 말해줬다.

"내가 너에게 연락을 하지 못했던 시기 기억나? 그 시기에 나는 많은 힘든 시련들이 있었어. 하지만 지금은 괜찮아. 열정적으로 살아가는 희망을 주는 사람이 될 거니깐."

사실 나는 이 친구에게 말했던 내용을 책으로 드러내기가 쉽지는 않았다. 이 부분에 대해서는 아는 사람이 없었기 때문이다. 사실 나에게는 숨기고 싶은 하나의 퍼즐 조각이다. 자신 있게 친구에게 있는 그대로 말했더니 이렇게 말했다.

"아, 그런 일들이 있었구나. 이 내용을 있는 그대로 독자들에게 전해줘도 좋을 것 같은데?"

"어머니가 알게 된다면 엄청나게 슬퍼할 것 같은데 괜찮을까?"

"지금은 네가 열심히 살아가고 다 극복했는데 뭔 상관이야. 지금이 중요하지, 과거가 뭐가 중요해. 이왕 시작한 거 끝까지 가야 하지 않겠어?"

이 친구의 한마디가 나에게 엄청난 큰 힘이 되었다. 그래서 다시 미완성된 퍼즐 조각을 전부 맞추기 위해 마지막까지 성실하게 해야겠다고 다짐했다.

나는 주변 사람들에게 지금 이 과정까지 나 스스로 극복은 했지만, 사실 친구들과 멘토링, 가족들, 선배, 후배, 군대 전우들이 없었더라면 쉽게 극복하지는 못했을 것이다.

나는 지방 출신에 무스펙, 고졸 출신이지만, '항상 나를 응원해주는 사람들이 있기에 어려운 상황들을 다 극복해서 발전해올 수 있지 않았을까?라는 생각을 한다. 집안의 부도로 인해 우리 집 형편은 사실상 나에게 집을 마련해줄 수 있는 능력이 되지 않았다. 이런 환경 속에서도 나는 어머니에게 말했다.

"나에게 도움을 안 줘도 괜찮아. 내가 스스로 자수성가 할 거니깐."

무슨 자신감에서 그런 말이 나왔는지 모르지만, 그때 어머니에게 자신감 있게 "조금만 힘들더라도 고생해줘. 비록 20대에 효도하지 못하고 있지만, 10년 안에 내가 성공해서 보여줄게."라고 말했다.

결과적으로는 나는 이런 자신감으로 어떤 것이든 다 해낼 수 있다는 확신이 있었다. 그러다 우연히 다단계 사업을 알게 되었다. 사실상 말도 안 되는 수익 구조였지만, 이것이 나는 내 운명을 바꿀 수 있는 희망의 길이 되지 않을까 하고 무리하게 빚까지 끌어서 시작했다. 하는 도중에 어머니에게 전화 한 통이 걸려왔다. "준혁아, 너 혹시 다단계나 〈그것이 알고 싶다〉에 나오는 것 하는 것은 아니지? 요즘 청년들이 많이 돈에 혹해서 한다는데." 이 말을 듣는 순간 나는 '내가 왜 여기서 말도 안 되는 것을 알면서 하고 있지?' 가슴이 답답해졌다. 그때 다시 정신 차리고 나는 그만둔다고 하고 나왔다.

처음에 사실 부동산에 가게 된 것도 부모님에게 빚이 있다는 사실을 알리고 싶지 않았기 때문이었다. 그래서 내가 부동산에 처음 발품을 팔면서 당장 내 생활 수준도 위태롭지만, 원룸을 구한 것이었다. 그때 빚이 1,500만 원이 있는 상태에 4금융권이다 보니 이자는 앞 장에서 언급했듯이 유지하기 힘들었다. 그 상황 속에서 월세 30만 원에 더해 관리비를 내면서 유지를 해야 하니 사실상 내가 생활하는 데 타격이 컸다. 그때 나이가 23세밖에 되지 않았다. 세상 물정 모르고 성공을 하겠다는 의지는 결국 말도 안 되는 허황한 꿈이었다. 그렇게 내 월세를 감당하면서 나는 막막한 생활을 했었다.

이 상황이 지속되다 보니 나는 친구들과 가족들을 당당하게 볼 자신도 없었다. 친구들이 항상 하는 말이 있었다. "준혁이, 너는 언제 제대로 연애할래? 연락을 자주 안 한다." 등 여러 오해를 받았다. 사실 하고 싶어도 할 수 없었다. 상황이 연애나 친구와 만남을 신경 쓸 여유도 없었기 때문이다. 항상 남들과 다른 생각과 행동을 해서 주변에서 이상하게 볼 때도 있다. 주식 투자, 부동산 투자, 자기계발 등 이런 행위를 하는 모습을 보일 때마다 주변 사람들이 나를 낯설어 하는 것이 느껴졌다. 당시 내 나이는 술 마시며 게임을 하며 여자친구도 만나면서 보낼 시기다.

나의 20대 청춘은 자연스럽게 나 혼자만의 시간을 극복하면서 자연스럽게 지나갔다. 시간이 흘러 은행 이자를 낮추면서 하루하루를 극복했다. 나는 누구에게도 알리지 못했다. 나의 자존심이 허락하지 못했다. 항상 어머니께서 나에게 하신 말씀이 있다. "어휴, 최 씨 고집은 누구도 못 말린다." 정말 그렇다. 내가 내뱉은 말은 끝까지 지켜야 했다. 나는 지금 상황은 아무리 절망 속에 살아가고 있어도 지금보다 점차 나아진다는 확신이 있었다. 내가 어릴 때 봤던 책이 큰 힘을 내주었다. 항상 성공에 대한 확신, 자기 암시, 여러 가지 성공자들이 하는 습관들을 하고 있었다.

그리고 부자들의 마인드를 계속해서 사소한 것부터 따라 하면서 발전해나갔다. 부자들은 항상 성공적인 삶에 대한 확신이 있었고 자기만의 성공에 대한 철학적 색깔이 매우 강했다. 나도 이런 상황들을 점차 극복하면서 나만의 절망을 극복하는 철학이 생겼다. 어떤 상황이 와도 사실은 지금은 흔들림은 없다. 점차 부자들의 투자 마인드와 부자들은 무엇을 하고 있는지 보면 항상 부동산 투자는 90%가 하고 있음을 알 수 있었다.

나는 그렇게 발품을 팔면서 나아가니 나의 절망을 희망으로 바꾸며 살아갈 수 있게 되었다. 더불어 다시 긍정적인 마인드, 열정, 욕망, 자신감을 회복하니 상황은 급격하게 좋아지고 있다. 나는 내가 해왔던 행동과 극복했던 과정들을 친구 중 절망 속에 살아가는 친구에게 전해주었다. 그 친구를 보면 예전에 내가 힘들었던 감정들이 떠올라서 나는 내가 여러 성공한 사람들로부터 배웠던 내공과 나만의 철학으로 친구에게 도움을 주었다. 그 친구는 직장을 다니면서 부동산 투자도 하며 멋진 투자가로 계속해서 발전하고 있다. 나와 같은 길을 걷고 있다. 그 친구도 지금은 나에 대해 숨김없이 편하게 얘기를 한다. 그 친구가 가끔 나에게 이런 말을 한다. "너는 정말 미친놈이야."라고 말이다. 친구는 혀를 내두를 정도로 지방에서 혼자서 다 극복하고 이끌어갈려고 하는 '미친놈'의 모습을 보면 대단하다고 한다. 아직도 나의 꿈, 목표에 도달하기는 멀었지만, 나의 인생은 매일 새롭고 즐겁다. 내가 절박하고 절실해서 모든 고통을 감내하고 참고 올라왔다.

나 역시 이런 상황 속에서 집주인이 되는 과정을 말하자면 특별한 비법은 없다. 비극적인 문제가 발생했을 때 좌절에 그쳤더라면, 지금의 나는 평생 발전 없는 삶을 지속했을 것이다. 밑바닥부터 다시 차근차근 시작했다. 부동산 전문가들을 만나기 위해 발품 팔기도 하고 독서와 강의를 들으며 부족한 점을 채워나갔다.

시간이 지나 상황은 점차 기하급수적으로 나아지고 있었다. 월세에서 전세로 갈아타면서 지금은 부동산에 투자하여 집주인까지 되었다. 소액으로 갭 투자를 진행했던 아파트가 1년도 안 된 사이에 투자금 대비 수익률이 100% 이상이 나오고 있어서 앞으로 1년 보유 후 매도하게 된다면, 내가 잃었던 원금 회복 후 그 이상으로 수익이 남게 된다. 토지에 투자했던 건은 장기 투자로 보고 있다. 빚이 있던 상황에서도 레버지리를 활용했었다. 부동산 투자를 하면서 깨달은 것이 있다. 시련 속에서 답을 찾아 나가면서 극복했던 경험들이 내가 성장할 수 있었던 이유다. 비법은 언제나 우리에게 있다는 것이다. 투자하면서 돈을 버는 것도 좋지만 돈보다 더 중요한 것은 경험에서 얻는 깨달음이다. 시련을 극복하는 과정에서 답을 찾고 점차 나은 삶을 살게 되었다. 당신의 퍼즐 한 조각도 맞출 수 있다는 것을 믿어야 한다.

부동산
중개사무소를
편하게 들려라

나에게 부동산이란 그냥 진짜 먼 산처럼 느껴지는 것 중 하나였다. 기숙사에서만 생활하다 군대 전역 후 독립을 하기 위해 원룸으로 이사 하기로 마음먹었다. 내가 부동산에 대해 아는 건 단지 집 사고팔고 하는 행위뿐이었다. 나는 부동산을 아무것도 몰랐을 때 열심히 발품 판 적이 있다. 원룸을 구하기 위해서였다. 여러 부동산 앱도 있었지만, 원하는 방을 찾고 전화를 했다.

"혹시 지금 매물 올라온 거 보고 연락드렸는데요. 아직 매물 있나요?"
"아 지금 말씀하신 매물은 없고, 비슷한 매물은 있어요."

"그럼 한번 볼 수 있을까요?"

이런 식으로 온라인을 이용해서 방을 보러 다녔다. 사진만 봐서는 크게 체감을 하지 못했다. 중개사에게 연락하여 직접 보기로 했다. 막상 전화하면 허위 매물이 생각보다 많아 제대로 확인이 되지 않았다. 그래서 직접 부동산에 찾아가 원룸을 구했던 시절이 있다.

처음에 아무것도 모르는 상태라 여러 군데의 방을 봤다. '직접 가서 봐야 하는 게 얼마나 중요한지 제대로 체감했다.' 사진에서는 엄청 넓어 보였는데, 막상 가보면 기대했던 거와 다르게 별로였던 경험들이 있었다. 그 후로 내가 원하는 곳을 찾기 위해 여러 군데를 발품 팔고 있었다. 부동산은 나에게는 단지 보금자리를 알아봐주는 곳 이상도 이하도 아녔다.

나는 생각이 지나치게 많은 사람이었다. 생각이 많다는 건 장점이 될 수도 있고 단점이 될 수도 있다. 하지만 쓸데없는 걱정거리의 생각들은 도움도 안 되고 오히려 될 일도 안 되게 만들었다. 생각 중 가장 큰 고민은 '어떻게 하면 경제적 자유를 달성할 수 있을까?' 하는 게 목표였다. 목표를 달성하기 위해서는 '돈'을 많이 벌어야만 했다. 돈이라는 건 나는 단지 내가 육체적 노동으로 해서 벌어왔다.

그 외에는 다른 수단과 방법을 모르기 때문이다. 유일하게 내가 할 수 있었던 건 은행에 나의 돈을 맡기는 자금 '적금'이었다. 돈을 모으는 데 있어 가장 기본은 적금이다. 이런 환경 속에서 "안정된 직장을 잡아, 열심히 적금 들어서 아파트 한 채 장만해라."라는 말을 주변 사람들에게 자주 들었다. 하지만 틀린 말은 아니다. 사회 초년생이라면 무엇보다 저축하는 습관을 길러야 한다고 생각한다. 가장 기본인 돈을 모으지 못하면 지키지는 건 당연히 할 수가 없기 때문이다. 나도 20대 초반에는 열심히 적금만 들었던 사람 중 한 명이다. 근데 나의 욕망이 가득해서일까? 만기가 되어 이자를 보는 순간 '아, 이걸로 내 집 마련하기는 쉽지 않겠다'는 생각들이 들었다.

요즘 같은 저금리 시대에서는 돈을 모으기가 더 힘들다. 물가는 계속해서 오르지만, 과거와 현재와 나는 큰 변화가 없었다. 오히려 은행 이자는 날이 갈수록 줄어들고 있다는 사실이었다. 꾸준하게 물가는 계속 오르지만, 나의 월급만 가지고는 살 수 없는 시대가 되어가고 있다. 문득 이런 생각을 한다. '과연 나의 회사가 정년까지 보장해줄까?' 나의 앞날은 아무도 모른다.

언제 어디서 어떤 상황들이 발생할지는 모르는 거다. 나의 몸을 다치게 되면 수익원이 끊긴다. '매달 빠져나가는 연금이 내가 65세 이후가 되면 과연 그 가치를 할까?' 앞으로 30년 이상이 남았다. 내가 단지 시간에 쫓기며 살아가는 게 아니라 '시간이 나를 위해 일하게 만들자.'라고 결론을 내렸다.

그 당시에 돈은 천만 원도 없던 상태였다. 나는 돈도 없으면서 무슨 자신감이 있었는지, 무조건 부동산 투자를 하겠다고 마음먹었다. 관심을 두게 된 이유 중 가장 큰 건 '여러 투자가 다양하게 있지만, 그중 부자들은 부동산으로 큰 수익을 벌었다.'라는 사실을 알고 있었기 때문이었다. 더 늦기 전에 공부해야 했다.

부동산 투자를 배우기 위해 했던 행동 중 하나는 '일단 무작정 부동산에 가보자.'라고 생각했다. 20대 청년이 부동산에 혼자 당차게 들어가는 것도 사실 웃기는 일이다. 지금 생각해도 그 당당함이 어디서 나왔나 싶다. 호기심이 많은 나는 관심 분야가 생기면 미련이 남았기에 자신감 있게 새로운 도전을 했다. 처음에는 내가 집 주변에 있는 시세들을 파악하여 그나마 가격 대비 괜찮아 보이는 곳을 알아보고 부동산에 찾아갔다.

"안녕하십니까! 사회 초년생 최준혁입니다. 부동산 투자를 하고 싶어서 왔습니다. 혹시 소액으로도 투자할 수 있을까요?"

처음에 어려서 그런지 소장님께서 큰 관심을 얻지는 못했다. 오히려 무시를 받았던 경험도 있었다.

"투자하기에는 아직 어리다. 돈을 열심히 모아서 청약하는 게 좋을 것 같다."

"8천만 원 이상은 가지고 있나? 아직 부동산 투자할 때가 아니다. 돈이나 모으고 오라. 요즘 주식이 열풍이던데 주식 투자나 하지 그 돈으로는 어림도 없다."

하지만 나는 표정 변화 없이 "네. 좋은 말씀 감사합니다. 오늘 하루 잘 보내십시오." 정중하게 인사를 하고 나오고 계속해서 다른 부동산을 찾아갔다. 계속해서 포기하지 않고 주변 시세와 부동산 전반적인 흐름을 알아보려고 꾸준하게 발품 팔았다. '처음에는 들어가서 어떻게 해야 할까?' 긴장도 했었다. 하지만 나는 잘할 수 있다는 것을 확신했다.

나의 계획은 소액 아파트를 대출로 사서 월세를 받는 것이었다. 회사 월급 소득 말고 불로소득을 만들고 싶다고 생각했다. 종잣돈을 더 빠르게 마련하는 게 목표였다. 차가 없어서 직접 걸어 다니면서 부동산만 열 군데 정도는 발품 팔았다. 그때 그 열정은 절박하고 간절했기에 나올 수 있었다. 인생에 있어 바닥까지 가보니, 더 두려운 건 없었다.

이건희 회장의 어록 중 "부자 옆에 줄을 서라. 산삼밭에 가야 산삼을 캘 수 있다, 부자처럼 생각하고 부자처럼 행동하라. 나도 모르는 사이에 부자가 되어 있다." 나는 이 어록을 엄청나게 중요시 생각했다. 지금까지 부자가 되고 싶다는 마음으로 발버둥 쳐봤지만, 혼자만의 힘으로는 쉽지는 않았다. '그 길은 내가 원하는 길은 아니구나.'라고 느꼈다. 세상에는 나보다 더 멋있게 사는 사람들, 이미 경제적 자유를 달성하는 사람들은 부동산 투자로 부를 이룬 사례들이 많았다. 나는 투자도 투자지만 경험이 너무 없었다. 나는 부동산에 전화도 해보고 직접 찾아가서 도움을 요청했다. 마트를 편하게 들리듯이 정보를 얻기 위해 발품 팔았다.

처음에는 내가 사는 근처 부동산을 찾아가면서 정보를 얻고 소장님들과 친하게 지내면서 투자의 방향성, 좋은 정보들도 들을 수 있었다. 항상 나의 인생 스승님이 했던 강조했던 말은 "큰 그림을 바라보는 버릇을 들여라."였다. 나는 투자에 있어서만큼은 하나를 배우더라도 계속해서 생각하고 공부를 해서 하나의 배움을 얻어 10보 앞을 내다보려고 습관을 들였다. 나랑 안 맞는 곳은 '그냥 나랑 인연이 아니었구나.' 편하게 생각했다. 그렇게 배움을 얻고 나는 지방에서 다른 지역까지 확장해나갔다. 당장 돈이 없더라도 시세나 물어보는 것은 돈이 드는 것이 아니다. 그렇기에 계속해서 시세 분석과 점차 조금씩 세상을 크게 바라봤다. 방문하는 게 어려우면 전화를 해서라도 알아봤었다. 여러 소장님의 생각들을 대입해서 나만의 스타일로 바꾸려고 노력했다. 일단 아파트 투자의 방향성에 대해서 부동산에 입문하게 되었다. 점차 생각의 그릇이 커지면서 여러 소장님과 부동산 하시는 분들을 만나면서 내가 미처 알지 못했던 토지까지 접하게 되었다. 내가 모르면 네이버 부동산카페, 유튜브, 부동산 책들을 보면서 따로 공부도 하고 주말에는 소장들을 만나면서 공부도 진행을 해왔다. 토지 전문가분들도 직접 찾아가며 조언도 구했다. 실제로 투자로 성공하신 분들도 책을 읽고 찾아도 갔다. 부동산을 배우는 데에는 전혀 시간을 아끼지 않았다.

오히려 알아가는 과정들이 즐거웠다. 항상 나에게 하나라도 배움을 위해 도와주시는 부동산 멘토님들이 있다. 내가 미처 알지 못했던 부분들도 알려줬다. 나이가 어리다는 이유로 부동산 투자하기에는 아직 멀었다고 생각하는 편견부터 바꿔야 한다. 부자들은 그 이상을 바라보고 있다. 비법이라고 말하자면 별것 없다. 당장 부동산에 대한 편견과 두려움을 바꾸는 순간부터가 시작이다.

살아가면서 주식과 비교해서 말하자면 폭락장이 찾아오듯이 인생의 그래프를 보게 된다면 굴곡은 한 번쯤은 찾아온다. 단지 나는 그 사이클이 빨리 왔을 뿐이다. 나 자신을 저평가된 종목이라고 생각했다. 안 좋은 일이 생기더라도 분명 그 바닥을 찍고 다시 반등하며 인생의 사이클이 점차 풀릴 것이라고 믿었다. 가만히만 있으면 아무도 도와주지는 않는다. 직접 행동으로 움직이는 순간부터가 인생의 시작이다. 열정과 체력이 있을 때 끊임없이 포기하지 않고 발품 팔며 도전을 해야 한다는 것이다.

부동산 투자를 하기 위해 나는 자존심이라는 것 다 내려두고 계속해서 발품을 팔았다. 이 경험들이 피가 되고 살이 된다는 걸 직접 터득했기 때문이다. 인생을 살아가는 데에 수년간 학교에서 가르침을 받았던 내공보다 더 값진 자산이 되었다. 시작부터 거창할 필요가 없다. 우선 눈앞에 보이는 자신의 가능성을 믿고 실천하면 미처 알지 못한 사실들을 알게 해줄 것이다.

04

자신만의
투자 원칙을
세워라

세계적인 투자의 대가 피터 린치도 『월가의 영웅』에서 주식 투자에 앞서 내 집 마련부터 하라고 먼저 말했다. 이 말을 해석하자면 부동산 투자를 우리가 꼭 해야 한다는 의미이다.

생활하는 데 있어 가장 중요한 건 보금자리다. 주식으로 성공한 투자자도 부동산 투자의 중요성을 말했다. 나는 부동산 투자를 하기에 앞서 주식 투자로 투자에 대한 방향을 먼저 배웠다. 주식 투자의 사이클을 잘 이해하면 부동산도 쉽게 이해가 되기 때문이다. 매일 열리는 장에서 주가가 파도처럼 요동치듯이 나의 마음도 불안정해질 때도 많지만 부동산 투자는 장기적 관점으로 보기 때문에 사이클만 잘 타면 안정적으로 투자할 수 있다. 우리는 부동산 투자를 활용해야 한다. 눈으로도 볼 수 있는 현물이 있는 자산이다. 아파트가 무너지지 않는 이상 투자금액이 0원이 될 일은 없다. 주식에서는 상장폐지가 되면 0원이나 다름없는데 그런 위험 리스크는 줄어든다.

주식 투자는 샀다 팔았다 반복하는 경우가 대다수다. '장기 투자를 한다고 하여도 실제로 사고 진득하게 들고 갈 수 있는 사람은 몇이나 되는가?' 극소수다. 사람들이 연금을 들고 보험을 들고 하는 가장 큰 이유는 현재의 직장에서 아니면, 미래에는 우리에게 무슨 일이 생길지 볼 수가 없기 때문이다. 불안한 미래를 살아가지 않도록 대비를 해야 한다. 대비하기 위한 나의 원칙은 시간이 지나면 지날수록 가치는 상승할 수 있는 복리 효과를 활용해야 한다는것이다.

사람들이 연금과 보험에 투자한다. 나는 미래에 지금보다 더 나은 삶을 살아가게 도와주는 확실한 자산에 투자한다. 부동산은 사는 순간 다시 파는 건 쉽지 않다. 양도소득세, 취득세 등 각종 세금이 있기에 쉽게 팔 수가 없다. 사는 순간 어차피 마음 편하게 장기로 들고 가게 된다. 여기서 중요한 건 무조건 다 오른다는 100% 보장은 못 하지만, 좋은 입지와 저평가 등 각종 규제에 맞게 고르면 시간이 지나 자연스럽게 상승하게 된다는 사실이다.

투자의 기본 원칙은 잃지 않아야 한다는 것이다. 나는 내가 원하는 꿈도 있고 내가 얻은 희망을 남들에게 전달해줄 수 있는 그릇이 되려면 시드머니를 모아야 한다고 생각했다. 우선 고정적인 수익을 창출하기 위해서는 자금이 필요하다.

'그럼 자금을 어떻게 확보할 것인가?'

나는 26세이고 아직 어리기 때문에 시간 레버리지를 활용할 수 있다. 그럼 이 시간 레버리지를 어디다 활용할 것인가?

나만의 투자 원칙은 모든 경험이 배움이 되긴 하더라도 최대한 잃지 않는 투자를 해야 한다는 것이다. 정부의 부동산에 대한 각종 규제와 제한 탓에 남들의 관심이 부동산에서 멀어질 때 오히려 매년 바뀌는 정책에 맞춰서 투자를 할 수도 있다. 그중 나는 아파트 투자를 시작했다. 내가 사는 청주는 조정지역으로 묶여버렸다. 외지 투자자들이 물건 사듯이 아파트를 사들이는 바람에 부동산 투기 열풍이 불었다. 특히 오창에 방사광가속기 영향을 받은 듯하다. 그 후로 아파트 가격이 한 달 새 1억 이상이 상승했다는 기사도 봤다. 현지인보다 외지인들의 거래량이 더 많이 붙는 상황이다. 그로 인해 우리 지역은 조정대상지역으로 묶였다. 그럴 때일수록 역발상 투자를 생각해볼 수 있다. 여러 투자자가 늘어나자 과

열을 막기 위해 여러 채 보유 시 세금이나 각종 폭탄을 매긴다. 그렇지만 나는 어차피 여러 채를 살 수도 없을 뿐더러 나에게는 해당 사항이 아니다. 그렇다고 언제까지 계속 남들이 부동산으로 돈을 벌었다고 했을 때 계속 지켜만 보고 있을 수 있는 노릇도 아니다.

나는 그 규제와 조정지역을 피해 역발상 4급지 투자를 하기로 했다. 갭 투자 여러 채는 늘리지 못하더라도 두 채 이하까지는 규제가 심하게 들어가지는 않는다. 기회는 자신이 직접 만들어야 한다. 자세히 보아야 길이 보인다. 이걸 활용해서 갭을 활용하여 시세 차익을 노릴 수도 있다. 실제로 수익을 내고 있으므로 가능한 투자법이다.

첫 번째, 이미 많이 올라간 아파트들은 왜 올랐나 주변 호재들을 찾아보고 공부한다. 이미 올라간 아파트는 투자 종목에서 제외한다.

두 번째, 차트를 확인한다. 차트는 사람들이 직접 거래를 했던 데이터 이력들이라 숨길 수가 없다.

세 번째, 주변 흐름이나 뉴스, 기사들, 부동산 정책 규제를 관심 있게 찾아본다.

네 번째, 아파트 투자는 시세 변동 폭이 주식에 비해서 고요하다. 그 뜻은 떨어질 때는 장기적으로 하락을 이어가지만 한 번 상승장에 올라가면 꾸준하게 상승하게 된다는 것이다. 그러기에 상승할 것 같은 사이클에 올라탄다.

　가장 좋은 것은 자기가 사는 주변에 가치 있는 아파트들이 있으나, 좁은 시야로 바라보면 투자에 있어 한계가 있다고 여겨질 때 가상으로 모의 투자를 해보는 것이다. 내가 원하는 아파트를 어느 지점에 매수했다고 가정하고 시간이 경과됐을 때 일치하는지 분석을 해도 실제 투자와 같이 학습 효과가 일어난다.

　바로 역세권에 있는 곳을 찾고 입지 분석하여 조정지역이 아닌 저평가 돼 있는 3~4급에 투자를 하면 된다. 주식이랑 마찬가지다. 양도세 규제가 있으므로 될 수 있으면 2년 이상은 보유한 후에 매도하자. 잘만 선정해서 시간만 들이면 알아서 상승하는 구조이다. 저렴한 아파트가 아닌 저평가되어 있는 부동산을 매입해야 한다.

　주식처럼 부동산도 시세 차트가 있다. 차트를 잘 활용하고 '호갱노노', '네이버 부동산' 앱을 활용해서 시간은 아끼는 것이 내가 했던 방식이다. 주식처럼 쉽게 상승과 하락이 반복되지는 않는다. 보통 하락 기간이 오면 꾸준하게 하락하다가 다시 바닥을 찍고 상승 전환이 될 때 꾸준하게 상승했다. 과거 데이터가 말해준다. 또한 걸어 다니면서 쉽게 실거래를 확인할 수 있는 편리한 도구가 된다. 내 눈에는 직접 지역 입지를 파악할 수는 없으나, 지도를 보면 한눈에 잘 나와 있다. 부동산에 투자함으로써

뒤를 받쳐주는 든든한 지원군이 생겨 마음에 여유도 찾는다.

토지 투자는 아파트와 다르게 좀 더 장기적 관점으로 바라본다. 투자를 시작하기에 앞서 분명히 해두어야 할 것은 투자의 원칙을 정해야 한다는 것이다. 쉽게 말하면 자신이 투자하는 목적이 무엇인지 분명해야 한다는 것이다. 투자를 할 것인지 건축을 할 것인지에 따라 투자 방향이 달라진다. 토지는 지분으로도 매수할 수 있다. 원 필지를 사는 것이 좋지만 사회 초년생은 자금이 여유롭지 않아 지분을 활용해서 보통 천만 원부터 가능하다. 토지는 기본 3년, 5년, 7년, 10년 정도 기다림이 필요하지만 가장 안전한 투자이다. 주의할 점은 무조건 여유 자금으로 장기적 관점으로 바라봐야 한다는 것이다. 토지는 과거부터 지금까지의 데이터를 토대로 한 지가 변동 그래프를 살펴 보면 계속 우상향을 그리면서 상승 중이다. 하락이 없으며 지가 상승이 무엇보다 제일 높다. 결국 시간에 비례해 돈을 불려주는 확실한 방법이다. 무엇보다 불안함이 없는 것이 장점이다. 소유만 하고 있어도 알아서 돈을 불려준다. 토지에 있어서는 간접적으로 이미 성공했던 분들의 사례를 보면 알 수 있다.

토지는 인간 사회가 아니라 지구가 만들어 놓은 것이기 때문에 엄청난 천연 가치가 있다. 돈의 가치는 떨어질 수도 있고 건물은 노후될 수도 있다. 회사는 언젠가 위기를 겪을 수 있다. 하지만 땅은 지구가 멸망하지 않는 이상 사라지지 않는다. 최종적으로 20대에 부동산 투자를 하기 위해서는 분명한 투자 원칙과 목표를 세워야 한다. 시작에 있어 사실 용기가 필요하다. 비트코인과 주식으로 수익을 내는 사람들보다 잃는 사람들을 많이 봐왔다. 하지만 부동산 투자를 해서 잃었다는 사람은 아직은 보지 못했다. "잠자는 동안에도 나 대신 일해주는 부동산 투자를 시작하자." 시간이 지나면 후회를 하는 것이 아닌 오히려 더 행복을 느낄 수 있는 시스템을 준비하길 바란다.

05

부동산 투자의
핵심은
정보력이다

부동산 투자를 시작하게 된 이후 이전과의 삶과 세상을 바라보는 안목이 달라졌다. 나는 지금까지 세상을 좁게 보고 살았다고 생각을 했다. 내가 알던 스타벅스는 부동산을 알게 된 후 카페만으로 보이지 않았다. '스타벅스는 직영점 체제가 아닌 가맹점 위주로 매장을 운영하고 다른 카페와 큰 차이가 없는 것 같은데 왜 사람이 많을까?' 의문이 들었던 적이 있었다. '스세권'이라는 신조어로 불릴 정도로 엄청나게 선호하는 입지라고 할 정도였다. 나중에 부동산 공부를 하면서 알게 된 사실인데, 스타벅스에는 따로 출점만을 분석하는 부동산팀도 운영한다고 한다. 그만큼 점포를 하는 데 있어 최고의 입지를 분석하여 개설한다는 것이다. 네이버 부동산 지도로 한번 스타벅스만 분석해봤었다. 보통 스타벅스는 항상 유동 인구가 많고 번화가가 있는 곳에 자리를 잡고 있었다. 보고 나서 '아 그래서 사람이 많이 모이는구나!'라는 생각이 많이 들었다. 스타벅스가 브랜드 효과도 있겠지만 입지가 너무 좋았다.

정보와 입지 분석이 가장 중요하다. 정보력이 부족하면 투자를 하는 데 한계가 있게 된다. 아는 만큼 보인다고 생각한다. 처음에는 내가 사는 동네조차 몰랐지만, 부동산 입지 공부를 하면서 다른 지역까지 관심을 두게 될 줄은 전혀 몰랐다.

일반인들은 정보를 얻기는 쉽지 않아 직접 손품, 발품을 팔아야 한다. 신문과 뉴스 등을 활용해서라도 관심을 가져야 한다. 나는 20대이지만 친구들만큼 어른들과 편하게 지냈다. 나는 띠동갑이 넘게 차이 나도 투자하는 분들이랑은 친구만큼 편하게 지낼 수 있었다. 부동산에 방문하게 되면 소장님들은 시기하듯 나에게 물었다.

'20대에 벌써 부동산 투자를 할 생각을 했냐'고 물어봤다.

"결국, 부자들은 자산을 부동산으로 불리고 있다는 정보를 들었습니다."

"나는 부동산 투자를 40~50대에 늦게 시작했는데, 일찍 부동산에 눈을 떴네! 지금처럼만 하면 나중에 충분히 부자로 살겠다."

좋은 덕담도 들었다. 나는 친구들과 보내는 것도 좋지만 투자가의 길로 가면서 투자자분들과 대화를 하며 보내는 것이 즐거웠다. 대화를 나누면 투자뿐만 아니라 삶의 지혜에서도 내공을 얻게 되었다. 여러 투자자를 만나면서 느낀 것이 있다.

성공한 사람들의 특징은 책 속에 나온 유대인의 성공철학과도 공통점이 많았다. 사람을 만나면서 성공할 수 있는 사람인지 특징들이 눈에 보이게 되었다.

나는 직접 책을 보는 것보다 현장 한번 발품을 팔아 얻는 시간이 더 효율적으로 느꼈다. 내가 모르면 직접 부동산 소장님에게 조언을 구하면서 투자의 정보를 얻기도 했다. 정보를 하나라도 배우고 얻기 위해서 잊지 않으려고 필기도구를 항상 챙겼다. 그동안 궁금했던 사항들을 질문하면서 부동산 소장님에게 의견을 물었다. 부동산에 투자하는 방식과 생각은 모두 다 제각각이다. 그래서 한곳의 의견보다 여러 의견을 종합해서 정보를 얻어야 한다.

소장님들은 부동산 투자에 있어 크게 두 가지 성향으로 나뉘었다.

"지금은 조정지역이고 규제가 심하니 아직은 투자할 시기가 아니다."

"공시지가 1억 원 이하의 주택은 1가구 2주택까지는 가능하다."

모든 투자는 위기 속에서도 언제나 기회는 있었다. '해야 한다, 하면 안 된다'라는 2가지 의견이 있었다. 나는 후자의 선택으로 규제 속 투자 방법을 찾으려고 했다. 결국 판단은 나의 선택이다. 나의 뜻과 맞는 소장님에게 부동산에 대해 많은 조언을 구했다. 확실히 혼자 보는 시야보다 더 빠르게 눈이 뜨이게 되었다. 한번은 직접 소장님이 같이 차를 타고 답사를 다니면서 주변의 입지에 관해서 설명을 해줬다. 부동산 투자에 있어 입지를 분석하는 능력을 가장 먼저 키우라고 항상 강조했다. 앞으로 입지 분석은 평생 쓸 수 있는 기술이기 때문에 멀리 내다볼 수 있는 안목을 길러야 했다.

그 후로 꼭 현장 답사만이 아닌 일상에서도 주변 시세와 입지를 파악할 수 있었다. 처음에는 우선 내가 사는 곳부터 분석했다. 다른 지역은 아직 낯설기에 내가 자주 다니던 동네부터 분석했다. 입지에서 기본적으로 봤던 것은 학교가 있는지, 교통편이 편리한지, 주변 상권이 나쁘지는 않은지, 환경은 괜찮은지 등을 분석했었다. 처음에는 봐도 잘은 몰랐지만, 내가 사는 지역의 가장 비싼 대장 아파트를 우선으로 분석하다 보니 감은 조금씩 생겼다. 이유는 제일 비싼 대장 아파트 주변에는 내가 말한 기본 조건들이 거의 다 갖춰져 있었다. 그 데이터가 나중에 저평가되어 있는 아파트를 찾는 데 도움도 되어주었다. 교통편 중 역세권이 들어가 있으면 더욱 좋다. 하지만 내가 사는 동네는 역세권이 아니기 때문에 사람들이 관심이 쏠리면 가격이 대부분 비싸므로 대장 아파트보다 소외된 아파트를 알아보게 되었다. 만약 직접 가지 못하게 되면 거리뷰를 활용해서 찾아봤다.

요즘은 앱 기능이 좋아서 내가 원하는 금액, 시세, 지역을 분석하는 일이 엄청 편리하다. 내가 보고 싶은 것만 필터링해서 한눈에 전부 다 볼 수 있다. 개인적으로 추천하는 앱이 있다면 '호갱노노'로 시세 분석하는 데 많은 도움이 되었다. '네이버 지도', '카카오맵' 앱을 이용하여 사전에 현장을 볼 수도 있다. 이제 실거래 조회는 '네이버 부동산'에서 직접 실제 호가로 나와 있는 금액이랑 일치하는지 전화 문의도 하면서 알아보면 시간을 효율적으로 사용할 수 있다. 세상이 빠르게 변하는 만큼 우리도 계속 생각을 트렌드에 맞게 편리한 기능을 이용해서 통찰력도 키워나갈 수 있었다.

이 모든 조사가 끝나면 마지막으로 직접 현장에 가서 눈으로 보고 마음에 드는지 확인해보자. 사람을 보는 데 첫인상이 중요하듯이 부동산 물건도 마찬가지로 자신이 원하는 곳으로 해야 장기로 마음 편하게 즐기면서 기다릴 수 있게 된다.

아파트 투자를 하면서 느꼈던 건 첫 번째 정보력의 중요성이었다. 내 수준으로는 사실상 나는 절대 투자할 수 없다고 생각했었다. 하지만 당장 나에게는 부동산 투자가 답이라고 생각했었다. 아는 게 없으면 너무 답답했다.

여러 부동산에 들르면서 많은 상담을 받았다. 당연하게 대출을 활용해서라도 하고 싶지만, 수중의 자금으로는 안 될 줄 알았지만, 단순하게 아파트를 통째로 매입하는 게 아닌 전세 끼고 할 수 있는 방법을 알 수 있게 되었다. 그만큼 정보가 중요하다. 생각보다 어렵지도 않았다. 사실 내가 관리할 건 거의 없기 때문이다. 주의할 점은 투자 종목에 따라 투자 방향도 달라진다는 것이다. 만약 실거주자가 없으면 내가 다시 매도할 시에 위험 부분이 따른다. 이처럼 문제 되는 점까지 고려해서 생각해야 한다.

사기 전에 팔 때도 생각해보자. 중요한 점은 자신이 투자하는 곳에 주변 호재와 기본적인 입지를 분석하여 해당 사항이 되는지 확인 후 임장까지 가서 직접 눈으로 확인하는 것이다. 내가 확인하면서 가장 중요시 생각하는 임장에 대해 한번 나열해보겠다.

첫 번째, 초등학교라고 생각한다. 초등학교는 보통 1~6학년까지 과정이 있다. 그러므로 애들이 클 때까지는 쉽게 이사를 하지 못한다.

두 번째, 산업단지를 중요시 생각했다. 대기업이 들어가 있으면, 혼자 사는 사람들도 인구가 많이 몰릴 것이다. 보통 직장 인원수가 많다 보니 어떻게든 거주는 해야 한다. 출퇴근하기 딱 알맞은 거리면 괜찮다.

세 번째, 세대수를 확인했다. 1천 세대 이상을 중점으로 필터를 걸어두고 확인했다. 우선 세대수가 많을수록 관리비도 낮아진다.

네 번째, 집하고 거리가 멀지 않는 역세권 라인으로 만약 서울까지 갈 수 있는 역세권 라인이면 더 좋다. 새로운 전철이 생긴다 등 각종 개발 호재인지 악재인지 구별을 할 수 있어야 한다.

가장 가까이 있는 주변에 어떤 변화가 생기는지 직접 눈에 담아야 한다. 내가 사는 지역부터 관심을 두고 점차 시야의 폭을 확장해나갔다. 주변에 아파트 가격이 상승하는 모습들을 보면서 시세와 추세를 파악도 하게 되었다. 부동산을 공부하면서 안목이 달라졌다. 평소에 다른 지역에 가서도 주변 입지를 자연스럽게 분석하게 되었다. 투자가의 시선으로 세상을 바라보면 일상이 지루할 틈 없이 모든 것이 공부가 된다. 부동산 시장을 바라보는 연습을 해야 한다. 수요와 공급이 원활하게 되어야만 매수만 생각하는 것이 아닌 매도 타이밍까지 예측할 수 있게 된다는 것이다. 매년 바뀌는 부동산 규제에 따라 수요 억제, 공급 억제, 수요 폭증 등

달라지기 때문에 항상 실패할 확률을 최소로 줄여 성공 확률을 높이기 위해 우리는 정보력을 통해 우리가 미래를 예측할 수 있는 안목까지 키워나가야 한다.

투자 종목 중 다른 지역의 실거래 가격을 확실하게 알고 싶으면 직접 부동산에 전화하여 다른 지역의 주변 상황, 전망 등 한 번 더 생각을 전달받았다. 다음 투자하게 될 아파트 투자에 있어 실패를 줄이고자 계속 통찰력을 키워나갔다. 가상으로 내가 찾던 종목을 즐겨찾기 해둔 후 아파트 종목이 시간이 지났을 때 예측대로 상승하였다. 우리가 부동산을 싸게 사는 것도 중요하지만 결국 재테크 투자에서는 시대의 흐름을 아우르는 정보력을 갖추는 것이 훨씬 더 중요하다.

06

시작이
어렵지 한번
해보면 쉽다

대부분은 새로운 일을 시작하는 데 두려움을 가진다. 나에게 부동산에 눈을 뜨게 도와주신 스승님이 있다. 스승님은 부동산 투자에는 어떤 섹터가 있는지부터 설명해주셨다. '아파트〈경매〈건물〈땅'. 나는 나름대로 난이도와 가치 순으로 정리했다. 수익의 폭도 커질 수도 있다는 표시다. 경매에 대해서는 우리 집 사건으로 마음이 아픈 경험을 겪어서 보류 중에 있다. 내가 시작을 해본 것은 아파트, 토지 투자다. 나의 투자 스승님은 개인이지만, 투자란 투자는 안 해본 게 없을 정도로 경험이 많다. 현실적으로 근로소득만으로는 윤택한 생활을 할 수는 없다. 근로소득만으로는 만족하며 살아갈 수가 없다. 앞으로의 20대 청년들은 부모가 집을 물려주거나 도움을 주는 경우는 예외이지만, 나처럼 힘든 상황에 처해 있는 절망 속에 살아가는 사람들이라면, 근로소득에 만족해서는 안 된다. 결국, 우리의 모습은 지금 걱정과 고민이 절대 해소되지 않을 것이라는 확신이 든다.

부동산 투자는 보통 40~50대 분들이 많이 한다. 20대들은 부동산 투자가 먼 산처럼 보일 수도 있다. 하지만 예금과 적금만으로는 살아가기 힘든 세상이라는 것은 사실이다. 나는 몸소 잘 겪었고 내가 지금보다 더 나은 삶을 위해서 도전을 해야만 했다. 속담 중에 "이가 없으면 잇몸으로 해라"라는 말이 있다. 상황이 나쁘게 변해도 참고 이겨낸다는 의미다. 나는 잘난 거 하나 없어도 자신감을 잃지 않으려 했다. 어떤 역경이 찾아와도 '항상 잘할 수 있어, 잘 될거야.'라는 나의 믿음은 절대 변치 않았다. 부자들은 무엇으로 돈을 벌까? 고민을 많이 했다. 결국 부자들은 투자자임을 명심해야 한다. 평범한 직장인이 월급만 저축해서 부자가 된다는 사례는 없을 것이다. 성공한 사람들이 돈을 어떻게 버는지만 분석해도 길은 나온다.

'그 길을 가기 위해 어떤 마음으로 시작을 해볼까?'

'어렵다, 안 된다'고 말하는 부자들은 보지 못했을 것이다. 그냥 무턱대고 시작하지 말고 돈이 없어도 자신감이라도 가져야 한다. 자신감은 시작에서 가장 중요한 역할을 한다.

부동산 투자에 있어 자신감이 없으면 시작을 하지 말라고 하고 싶다. '하루 안에 부자가 되는 방법' 이런 되지도 않는 것에 현혹되지 말고 자신만의 시작에 있어 확신을 가지고 있어야 한다. 귀인이 아무리 좋은 정보와 도움을 준다고 해도 자신의 기준이 없고 자신감이 없으면 기회는 그냥 바람처럼 날아갈 것이다. 강조하고 싶은 것은 '무턱대고 뛰어들지 말고 투자를 신중하게 하자.'라는 말인데 이를 뜻하는 속담이 있다. "첫 단추를 잘 꿰야 한다." 모든 일에 시작이 중요하다는 얘기일 것이다.

조급하지 않고 여유를 가져야 한다. 가장 흔하면서 사소한 말처럼 들릴 수 있지만, 어떤 시작을 하느냐에 따라 마음가짐과 방향이 달라진다. 부동산 투자는 한 번 실패하게 되면 '경험이다'라고 여길 수 있겠지만, 두 번 하면 두려움과 트라우마가 생길 수 있다. 그러니 시작하면서 준비를 잘하길 바란다.

"왜 내가 부동산 투자를 해야 하는가?"

정확하고 구체적인 목표가 있어야 그 목표에 도달하기 위해서 열심히 일하고 발전할 수 있다. 한번 성과가 나게 된다면 그때부터는 그 기세로 점점 나아간다. 단순하게 돈을 벌고 싶은 목적인지, 아니면 집을 장만하기 위해 접근하는 것인지에 따라서 우리가 생각하는 관점이 달라진다. 반대하는 사람도 생긴다. 그러나 투자를 하겠다는 자신만의 확신이 있다면 다른 사람 말에 휘둘리지는 말자. 부정적인 요소들을 신경 쓸 여유도 없다. 시작을 하게 되면 앞으로 나가기 위해 준비하고 나아갈 수 있는 방향은 무궁무진하다. 나는 내 주제를 너무 잘 알기 때문에 조언을 구하기 위해 전문가들을 찾아간다. 무턱대고 시작했다가 낭패를 보는 일이 없도록, 아까 말했듯이 실패를 최대한 줄이고자 노력을 했다. 처음부터 잘하는 사람은 없다. 정보와 지식이 없기 때문에. 그렇다고 자기 자신을 비난하거나 낮출 필요는 없다. 배움을 얻기 위해서 공짜를 너무 좋아하지 말자. '세상에는 공짜는 없다.' 대중들의 심리는 마트 세일, 백화점 세일 등에 현혹되기가 쉽다. 이런 부분을 자세히 바라보면 치명적인 단점들도 많다. 예를 들어서 이월상품이라든지, 하자가 있는 상품이라든지 말이다. 결국 사업가, 투자자는 손해를 보기 위해 생산자가 되지는 않는다. 소비자의 입장을 잘 고려해서 사람들의 심리와 트렌드를 활용해서 유혹을 한다. 나도 처음에는 돈을 최대한 아끼고자 하는 절약 심리가 있어 최대한 공짜폰을 구매한다든가, 강의도 돈을 안 내고 들었던 경험들이 있다. 얻은 것은 공짜보다 오히려 마이너스였다. 아닌 경우도 있긴 하지만 대부분 숨겨진 함정이 있다. 차라리 돈을 조금 들여서라도 실력이 인정된 전문가들에게 찾아가 배움을 요청해라. 시간도 아낄 뿐더러 지불한 금액만큼 가치를 얻는다. 지인들이 도움을 요청하더라도 좋아하는 감정을 드러내기보다 감사의 표현과 그에 맞게 베풀 줄도 아는 태도를 지녀야 한다. 인덕은 자기 행동과 태도에 따라 드러난다.

지금부터 잘 준비해서 미래를 편하게 보내고자 힘을 쓰자. 자신이 부동산과는 거리가 멀다고 자책하지 말길 바란다. 부자가 되기 위해서 꼭 거쳐가는 하나는 부동산 투자다. 부자가 아니더라도 지금부터 잘 준비만 한다면 시간이 흘러서 결실을 얻게 될 것이다. 우리는 시간을 의미 없는 곳에 사용하면 안 된다.

부동산 투자를 시작한 사람과 안 한 사람은 시간이 흐를수록 점차 격차가 벌어질 것이다. 직장인일수록 고정적인 월급이 나오기 때문에 더 유리하다고 생각한다. 본업은 본업대로 충실할 수도 있으며, 나는 나대로 열심히 발전해나가고, 부동산 투자 물건들은 시간이 흘러 상승해주면, 단지 월급을 소비로만 쓰는 것이 아니라 배움을 얻고 나 자신이 발전하도록 투자하는 데 돈을 쓰려고 하기 때문이다. 그만큼 삶의 질을 높여 살아가기 위해서는 '돈'은 꼭 필요하다. 그렇기 때문에 투자를 하기 위해 돈을 더 열심히 벌려고 하게 되었다.

나는 모든 것을 다 잃고 남은 부채가 있는 상황에서도 시작을 했다. 처음에는 나 역시 확신, '불안감', '부동산 투자'는 나와 거리가 먼 부자들만 하는 투자라고 생각했다. 하지만 그 두려움을 모두 극복해서 시작했다. 더는 잃을 것도 없고 나는 혼자 있는 시간을 통해 나를 돌아보며 평범한 직장인들 중에 대부분 돈을 가장 쉽게 벌었던 방법은 부동산 투자였다는 걸 알 수 있었다. 지금도 끊임없이 배움을 지속하고 도전하고 있다. 처음은 어렵지만 포기하지 않고 시도를 하게 된다면, 다음 과정들은 계속해서 나아갈 것이라 믿는다.

나 같은 경우는 직접 발품을 팔면서 배워 나갔지만, 요즘은 인터넷을 검색하거나, 전문가들이 투자 초보자도 이해하기 쉽게 설명한 유튜브 영상을 참고하면 정보를 쉽게 얻을 수 있다. 어느 정도 확신이나 내공이 쌓여 자신감 있게 부동산 투자를 시작해보게 되었다. 나는 아무리 열심히 듣고 공부해도 직접 경험으로 터득하는 것이 기억에 남았다. 그러기에 나는 실패를 하더라도 부동산 투자를 시작했다. 돈을 버는 사람들은 계속해서 부를 축적해서 나아가고 있다. 언제까지 다람쥐 쳇바퀴 같은 삶을 살아갈 수 없는 노릇이다. 처음이 어렵지만 한번 직접 현장도 다녀보고 경험을 쌓을 시기다.

자본주의 사회에서 물가는 떨어지지는 않았다. 이제 예금과 적금만으로는 부자가 될 수 없다. 꾸준하게 무엇인가를 얻기 위해 배움을 얻고 발전해나가야 한다. 시작한 기간은 오래되지는 않지만, 더 빠른 성장을 얻기 위해 전문가들에게도 도움을 청하기도 하고 나의 경험을 친구들과도 공유해서 같이 잘되는 방향으로 나아가게 도와준다. 너무 힘들어봤고 좌절도 했었다.

하지만 그런 절망 속에 살아가는 나 역시도 근로소득에 안주하지 않고 계속해서 끊임없이 도전을 하고 시작을 한다. '실패?' 나는 두렵지 않다. 시작하지 못하는 나 자신이 두려울 수 있다. 주변에서 남들이 뭐라고 떠드는 것은 중요하지 않다. 우선 시작하고 걱정은 다음에 생각하자. '투자'가 나에게는 내가 꿈과 목표를 이룰 수 있게 도와주는 희망의 빛이다. 단지 지금은 많은 데이터와 경험들이 없다 보니 엄청난 비법을 공유하고 싶어도 전해줄 수 없다는 아쉬움은 있지만, 어차피 나는 계속해서 발전하고 시작을 할 것이다. 내 이야기가 시작에 앞서 두려움을 겪는 20대들에게는 조그만 희망의 빛이 되길 바란다. 세상의 트렌드는 너무도 빠르게 변하고 있다. 더는 우리가 지체할 여유가 없다. 당신도 행복한 투자자가 될 수 있다고 믿어야 한다.

07

부동산 재테크는 소액으로도 가능하다

나는 언제 돈을 모아 집을 살 수 있을까? 코로나바이러스로 뒤덮여버린 세상은 앞으로 점점 살기 힘든 세상이 되어갈 것이다. 집값은 하늘 높은 줄 모르고 오르는데 이대로 가다가는 집은 장만하기 글렀다는 생각도 한다.

나는 막연하게 월급날만 기다릴 수 없었다. 이런 막막한 생각이 들 때, 빌 게이츠의 명언을 챙겨봤다.

"가난하게 태어난 건 당신의 실수가 아니지만, 죽을 때도 가난한 건 당신의 실수다."

이 명언을 보면서 가난하게 살지 않기로 나 스스로 다짐을 했다.

직장인이라면 내 집 마련에 대해 고민은 해봤을 것이다. 1억을 모으는 데 걸리는 시간도 있는데, 과연 그 돈을 모으는 동안 아파트 가격은 가만히 기다려 줄까? 집에서 물려주는 사람은 상관은 없겠지만, 우리나라 연봉 평균을 봐서 대부분 그렇지 않다. 돈이 행복의 기준이 될 수는 없지만 '돈' 없으면 삶이 힘들다는 것을 직접 경험을 통해서 알게 되었다. 나는 다른 방법을 알아보고 고민 끝에 나에게 맞는 방법을 찾았다.

지금은 불안했던 마음은 사라졌다. 전환점의 기회가 왔다. 사람의 영향력을 받으며 성장해온 나에게 투자자의 길로 길잡이를 해주신 스승님이 있다. 항상 마인드를 강조했다. 처음에는 주식으로 입문을 하면서 배웠다. 시간이 흘러 투자가의 기본적인 마인드를 갖추었다. 마인드라면 투자를 잘하고자 하는 마음가짐이라고 생각할 수 있지만, 더욱 큰 다른 뜻이 있다. '세상을 바라보는 통찰력을 깨우치라.'라는 교훈을 심어줬다.

처음에 부동산 투자를 해보라고 했다. 주식 투자도 하고 있었지만, 스승님은 주식은 변동 폭이 크다는 단점을 줄이기 위해 부동산 투자를 권했다. "부동산 자산이 지켜주기에 주식 투자를 여유로운 마음가짐으로 바라볼 수 있다."라는 조언도 했다. 투자에서는 잃으면 무용지물이다. 최소한 위험을 줄이는 방안을 만들어야 한다. 재테크 비율에서 주식 투자와 부동산 투자를 적절히 잘 활용해야 돈을 벌 수 있다고 했다. 아파트 투자를 알아보러 갔던 시절 가격을 듣고 말문이 막힌 적이 있었다. 그때 고민은 부동산 투자를 직접 하면서 편견이 사라졌다.

부동산에 대해 사람들은 어떻게 생각하는지 궁금했다. 청약을 드는 대부분 이유는 새 아파트에 들어가고 싶다는 생각을 하기 때문이다. 청약 과정은 다음과 같다.

청약 당첨 → 계약금 납부 → 중도금 대출 → 잔금 납부 → 입주

하지만 청약이 되기까지 들어가는 비용을 생각해야 한다. 청약 후 계약금과 자금을 합하면 보통 8천만 원 이상은 있어야 한다. 나머지는 중도금 대출로 진행하게 된다. 좋은 입지 조건이나 환경이 괜찮으면 시간이 지나 투자금 이상으로 회수를 할 수 있다. 청약되는 것도 로또라고 할 정도로 당첨도 쉽지 않고 실제로 대출이자도 감당하며 순수 자본금 대략 8천만 원 이상의 금액과 운도 따라줘야 한다는 점이다. 조정지역이나 투기 과열에 속해버리면 대출 한도가 훨씬 줄어들어 순수 자본금은 보통 억 단위로 넘어가게 된다. 나는 한때 부동산 투자에 입문하기 전에 청약에도 관심이 많아서 알아봤다가 여건이 따라주지 않음을 알고 생각을 접었다.

사실 당첨은 되면 대박이라고 할 수 있지만, 자본금도 없기에 소액으로 할 수 있는 방법을 알아봤다. 나에게는 자본금은 없지만, 시간은 갖춰져 있었다. 내가 했던 소액 투자 방법은 시세 차익을 내는 갭 투자 방식과 토지에 장기적으로 투자해 시세 차익을 보는 방식이다. 20대에는 시간이 무기다. 나는 비록 원룸에 살고 있지만, 갭 투자를 활용해서 입지를 잘 고려해서 아파트를 매수했다. 매수 후 시나리오는 양도세 기준을 지켜 2~4년마다 매도해 차익을 내서 다시 재투자하여 똘똘한 아파트를 매수하는 전략이다. 시간이 들 수 있겠지만, 소액으로도 불로소득을 창출하는 방법이었다. 내가 했던 투자가 시기가 잘 맞아서 매매가 7,400만 원인 아파트를 전세 6,800만 원 끼고 매수했었는데, 최근 실거래가는 9,000만 원이 넘어가고 있다. 네이버 부동산에는 신고가 1억까지 올라온 매물도 있었다. 상승까지 1년도 걸리지 않았다. 예상보다 빠르게 상승했다.

갭 투자의 단점은 공실에 대한 위험 리스크가 있다. 원고 집필 중에 세입자가 중간에 나가게 되어 공실이 한 번 났다. 다양하게 하는 것은 많았지만 이럴수록 더욱 침착해야 한다. 공인중개사의 도움을 받아 세입자를 다시 구해 재계약을 하여 해결되었다. 갭 투자를 모르는 사람들도 많다. 내가 갭 투자를 했던 이유는 나 같은 흙수저 월급쟁이는 1억을 모으는 데 걸리는 시간은 현실적으로 너무 머나먼 시간이다. 기다리는 동안 집값은 계속 상승하기 때문에 갭 투자를 시작하게 되었다. 그렇다고 무작정 매수하면 안 된다. 자칫하다 돈의 흐름이 오랫동안 묶일 수 있다. 돈의 흐름을 계속 굴려서 재투자해야 자산 증식을 빠르게 할 수 있다. 갭 투자는 방식과 원리만 알면 누구나 가능하다. 신경 쓸 것도 없다. 열심히 돈을 벌어두기만 하고 시간이 알아서 해결해준다. 소액으로도 충분히 가능한 월급쟁이에게는 현실적인 투자 방법이라고 생각한다.

처음에 시작하려고 했던 건 수익형이었지만, 매월 월급처럼 받는 것은 좋지만, 대출이자 빼고 나면 사실상 수익은 너무 적기에 나는 시간을 활용하여 시세 차익을 시작하게 되었다. 시세 차익은 단순하다. 시세보다 저렴할 때 들어가서 시간이 지나면 가치 상승할 때 매도하는 것이다. 호재를 끼고 들어갈 경우, 예상치 못하는 수익을 얻을 수도 있다. 이제 부동산 투자에 대해 무엇이 있는지 알아보자.

첫 번째, 수익형 부동산 투자가 있다. 우선 수익형 부동산은 오피스텔, 지식산업센터, 상가, 아파트 등이 있다. 매월 수익을 받는 방식이다. 개인적으로 수익형은 20대에게는 추천하고 싶지 않다. 현금 자산이 많은 사람은 상관없지만 레버리지를 이용한다고 하더라도 이자를 빼면 크게 남는 자산은 없다. 여유 자금이 있는 사람에게 추천하는 방식이다.

두 번째, 시세 차익형 투자이다. 종류에는 아파트 갭 투자, 재개발, 재

건축, 분양권, 토지 등이 있다. 눈앞에 확정된 월세보다는 미래에 이익을 보기 위해 진행한다. 20대이면 부동산 자산을 장기적으로 묻어 두고 자신의 재투자를 위해 종잣돈을 마련해두자. 시간이 지나면 알아서 가치가 상승해줄 것이다. 최소 2년 이상이 지났을 때 매도 타이밍이 나올 것이다. 우리에게는 시세 차익형 투자가 유리하다. 강제 적금을 들어주기 때문에 한편으로 불안할 수 있으나 앞으로의 경제 상황들을 자세히 보면 오를 수밖에 없다는 것을 알게 되었다.

둘 다 장단점이 다 있다. 자신의 재정 상황, 투자 성향을 알아보고 시작해야 한다. 무턱대고 시작하기에는 쉬운 투자는 아니다. 처음 수익형 부동산을 알아봤을 때 소형 아파트로 5천만 원 정도를 기준으로 부동산 투자 종목을 찾았다. 대출이라는 레버리지를 활용하기 위해 찾아갔다. 하지만 내가 사는 곳은 조정지역이라 대출도 많이 나오지도 않았다. 그래서 선택한 것이 시세 차익형이었다. 젊을 때일수록 유리하다고 생각한다. 일정 시간 동안 기다려야 하는 인내심이 필요하다는 게 단점이지만, 매수 타이밍만 잘 들어맞으면 수익형보다 더 큰 수익을 만들 수 있다. 무엇보다 강조하고 싶은 것은 부동산은 결국 입지가 가장 중요하다는 것이다. 자신이 발품을 파는 만큼 그에 따른 보상도 들어온다.

마지막으로 소액 투자에 있어 나는 아파트 투자로 시작을 하였지만,

여기서 주저하지는 않았다. 우연히 지인을 통하여 토지 투자까지 시작하게 되었다. 토지 투자는 매력적인 투자다. 대한민국에서 크게 부자가 된 사람들은 대부분 땅 투자로 부자가 되었다고 한다. 토지라고 하면 이번에 핫했던 기사 중 한 번쯤 들어봤을 법한 LH 한국토지주택공사 투기가 떠오를 수도 있다. 이슈가 된 사건이었다. 이제 이러한 이슈로 인해 대중적으로 사람들이 토지는 돈이 되는 걸 알고 있다. 하지만 토지는 억 단위 이상으로 생각한다. 방법은 찾으면 있다. 주식에 투자하는 것과 같이 공유지분으로 사게 된다면 최소 자본 1,000만 원으로도 땅 투자는 가능하다. 주식 투자를 하듯이 투자를 하면 된다. 많은 사람이 땅에 대한 수요가 많아지면 토지 가치는 상승하게 되어 있다. 당장 눈앞의 상황을 보는 게 아니라 미래의 개발 호재인 투자 가치를 보고 들어가는 것이다. 그걸 알기 위해서는 안목을 보는 눈을 기르고 시작해야 한다. 첫 시작은 전문가에게 직접 배워 자신만의 원칙을 세워나가길 바란다.

부자들은 규제 속에서도 부동산으로 부를 축적하고 있다. 부동산 자산이 있는 사람과 없는 사람의 차이는 하늘과 땅 차이다. 부자들은 자면서도 돈을 벌 수 있는 구조를 마련했다. 환경은 달라도 누구나 24시간은 똑같이 주어진다. 근로소득은 부동산 가치 상승 속도를 절대 따라갈 수 없다. 내 집 한 채 소유는 더욱더 힘들어질 것이다. 부동산 투자를 한다는 것은 결코 다른 세상의 먼 이야기는 아니다. 이제는 보고만 있어서는 안 된다. 소액으로도 부동산 투자에 입문하여 근로소득이 아닌 불로소득까지 창출해야 한다. 혼자서 돈을 버는 것은 한계가 온 시대다. 시간이 지나 돈을 벌어다주는 가장 효율적인 방법은 오래전부터 부동산 투자였다. 우리는 이미 다 알고 있지만, 시작에 앞서 두려움을 느낀다. 아직도 멈춰 서 있을 것인가? 모르면 배우려고 하는 배짱이라도 있어야 한다.

08

20대에
부동산 재테크
시작하라

20대에 경제적으로 독립을 시작했다. 과거에 방을 알아보기 위해 월세를 구해 살아갔던 때가 생각난다. 매달 월세에 관리비 빠지고 나면 돈을 모으기가 정말 빠듯했다. 사회 초년생은 무엇보다 '돈'을 벌기 위해 취업을 목적으로 한다. 아르바이트를 할 수도 있으며 취업을 하여 생계를 유지해 나간다. 돈을 벌기 위해 일을 하지만 상황은 나아지지 않는다. 목적이 없는 삶은 계속해서 반복적인 제자리걸음을 하게 된다. 그 외에 다른 수단과 방법을 몰랐기에 이런 생각과 관념을 바꾸는 건 쉽지 않았다. 학교에서 정해준 '취업', '대학교', '공무원' 등 말고 우리가 가는 선택지는 정해져 있었다. 주변에서도 자신의 진로를 찾아서 가는 경우는 못 봤다. 대부분 현실에 맞춰서 월급쟁이의 삶을 살아가게 된다.

자본주의 세상은 돈이 없으면 살아남기가 힘든 세상이다. 자본주의에서 살아가기 위해서는 제2의 월급을 받을 수 있는 파이프라인을 구축해야만 했다. 현실은 그에 맞는 방법을 모르고 악순환이 반복되는 하루하루를 보냈다. 20대 초반에 나는 어려웠던 시기가 있었다. 그 시기에는 친구들을 만나고 싶어도 놀 수도 없었다. 일 → 집 → 일 → 집 이 사이클이 반복되는 하루였다. 매월 월급을 받아도 의미가 없었다. 각종 지출 등 빠져나가면 남는 것은 없었다. 나는 20대에 꽃길을 걷고 싶었지만 가시밭길을 향해 가고 있었다. 너무나도 고통스럽고 상처투성이인 외로운 길이었다. 나의 20대는 의미 없는 하루의 연속이었다.

자본주의 세상에서 살아남기 위해서 투자를 해야만 했다. 발품 팔아 내가 모르는 것은 전문가들에게 배움을 요청했다. 아직 젊은 나이에 불과하고 부동산 투자를 배우려고 하는 열정적인 자세가 기특하게 느껴졌는지 나에게 조언과 도움을 많이 줬다. 항상 내가 몰랐던 정보와 지식을 공유해주면서 내가 알지 못했던 것들을 정보를 얻어 깨달음을 얻게 해줬다. 운이라는 게 있다면 나는 지금의 시기가 운이 찾아온 것이 아닐까 싶다. 나의 악순환의 연속에서 충분한 가능성이 보인 부동산 투자를 알게 되었다. 내가 투자를 배우게 된 모든 상황의 근원은 '돈'에서 비롯되었다.

결과적으로 나의 모든 환경의 근본적인 틀은 돈이라는 것에서 비롯되었다. 삶을 살아가는 데 있어 돈은 뗄 수도 없는 존재다. 우리가 원하는 것을 얻기 위해서는 돈이 있어야 하기 때문이다. 돈 때문에 나 자신이 무너져가는 게 너무 싫었다. 내가 독해지지 않으면 처한 현실은 절대 바꿀 수 없었다.

사회 초년생은 월세나 전세의 삶에서 벗어나지 못한다. 매월 빠져나가는 월세를 감당하며 살아가기에는 사실상 돈을 모으기 쉽지 않은 환경이다. 나는 매월 내야 하는 월세가 부담이 되어 월세에서 전세로 이사를 하게 되었다. 사회 초년생 중 직장인이라면 청년대출이 되는지 조건을 알아보길 추천한다. 더 저렴한 이자로 이자와 관리비를 포함하여도 월세의 반도 안 되는 비용으로 살아갈 수 있다. 대출이라는 것이 꼭 나쁜 것은 아니다. 잘만 활용하면 20대에게 종잣돈을 만들어줄 수 있다.

나는 지금의 상황을 바꾸기 위해 손품, 발품을 팔며 부동산 투자를 알게 되었다. 부동산 투자는 대부분 연령대가 있어야 한다고 생각한다. 하지만 20대에도 가능하다. 발 빠른 청년들은 이미 지금도 열심히 자산을 증식하고 있다. 부동산 투자는 쉽게 말하자면, 싸게 사서 비싸게 팔아 차익을 얻는 것이다. 매수 시기가 중요하다. 우리 눈에 보이는 실물 자산이 있기에 마음은 더 편하고 든든하다. 제2의 소득을 창출할 수 있는 구조를 만들어야 한다. 나는 부동산 투자를 통해 꿈과 목표를 잡을 수 있었다. 여러 사람과 책을 통해 나는 극복할 수 있었다. 부동산 재테크에 입문하게 되었다. 시간이라는 가장 큰 무기가 있었다. 시간이 흐를수록 조바심이 났다. 성공하고 싶다는 욕망이 너무 강한 게 큰 이유인 것 같다. 아직 어린 나이다 보니 세상을 살아가는 데 경험이 많이 부족하지만, 생각지도 못한 실패와 시련을 겪었다.

부동산이 결국 부를 만들어주는 지름길이라는 걸 깨달았지만, 나는 돈도 없고 내가 가진 것 하나라곤 젊다는 패기뿐이었다. 여러 부동산을 다니면서 아파트 매물도 보여달라고 해서 눈으로 익히기도 하였다. 직접 보지 않으면 알 수 없기 때문이었다. 돈이 없다는 것으로 무시도 많이 당했지만, 나는 가진 게 없어도 항상 당당했다. 자신감 있는 모습과 열정을 좋게 봐주신 소장님들도 많았다. 발품을 팔아 여러 인맥을 만들어가면서 점차 정보도 얻고 직접 보면서 성장을 할 수 있었다. 20대는 대부분 돈이 없다. '나와는 거리가 멀다.'며 거리를 두지 말자. 처음부터 잘하는 사람은 없다. 부동산을 배운 적이 없었기에 당연하다.

유일하게 내가 해왔던 모든 행동을 옆에서 간접 경험을 통해 들었던 친구가 있다. 20대를 힘들게 겪어왔기에 나는 나처럼 힘든 친구들에게 발품 팔아 얻은 정보들을 공유해준다. 함께 성장하고 싶다는 의미였다.

그 친구는 나를 보며 이런 말을 했다.

"준혁아. 네가 있으니깐 의지가 된다. 고맙다."

내가 발품, 손품 팔며 얻은 내공을 전해주어 친구는 수월하게 갈 수 있게 도와주었다. 나는 여러 사람과 상대하며 내공을 길렀지만, 또 다른 이들은 나보다 더 편하게 입문했으면 좋겠다는 마음이었다. 부동산 투자는 서서히 모은 돈으로 해야 하는 로또 수준인 청약도 누군가에게는 의미가 있겠지만, 지금 와서 느끼는 건 청약을 하기 위해 기다리는 시간을 계속 돈이 굴러가는 시스템이 활성화되는 시간으로 만드는 것이 더 나에게 맞는 투자 방식이었다는 것이다. 사실 불가능할 것 같아 보여도 주변의 아파트 변동성 흐름에 관심을 두게 된다면 큰 성과는 따라올 것이다.

나는 책에서도 영향을 받긴 하지만, 무엇보다 사람에게 영향을 잘 받는 스타일이다. 나는 여러 사람에게 조언을 구하며 부동산 투자 전문가들을 만나면서 배움을 얻었다. 요즘은 워낙 유튜브로 전문가들이 설명을 잘해준다. 입문하기에 앞서 부동산 유튜버들을 참고하면 좋을 것이다.

지금은 혼자서 시작했던 부동산 재테크는 공동체를 만들어 함께 성장하고 있다.

직접 여러 곳의 부동산중개업소를 돌아다니면서 주변 시세 파악도 하며 계속 조언을 구하러 다녔다. 내가 무지했기에 시간을 효율적으로 버는 방법은 바로 내가 모르는 것은 전문가를 통해서 배우자는 마인드였다. 부동산 투자를 하는 데 원래 종잣돈을 모으고 시작하라는 말을 많이 하는데, 그 종잣돈을 모으는 시간조차 단축하기 위해 천만 원도 안 되는 소액으로도 시작을 할 수 있었다.

그 이후로 우연한 지인의 기회를 통하여 토지 투자도 접하게 되었다. 부동산에 있어 가장 끝판왕이라고 불릴 정도로 토지 투자의 가치는 대단하다고 생각한다. 땅은 생산할 수도 없고 고유 가치가 그대로 남아 있기 때문에 입지만 좋으면 가장 큰 자산을 불릴 수 있는 재테크가 된다. 내가 시작하게 되었을 때 소장님과 같이 답사를 한 적이 있다. 처음에는 차를 타고 둘러보면서 주변 땅들에 관해 설명을 해줬다. 처음에는 설명을 들어도 이해하기가 어려웠다. 땅마다 각자의 신분이 있다. 용도라는 것이 정해져 있다.

요즘은 주로 공부하는 건 토지 쪽이다. 사실 아파트는 종잣돈을 모으려는 역할이지 진짜 주로 하고 싶은 건 토지 분야다. 부자들은 토지 투자로 시세 차익을 많이 남겼다고 한다. 시세를 파악하는 데 어려움을 많이 겪었다. 혼자서 배우는 데는 한계가 있으므로 직접 전문가를 찾으러 서울까지 가서 공부하기도 했다. 나에게 토지에 대해 알려 주시는 멘토님들이 좋은 책도 추천해주고 많이 도와줘서 방향성도 잡게 되었다. 토지 투자를 배우기 위해 토지 관련 서적도 읽었다.

내가 부동산에 입문하게 되었던 건 사실 '신의 한 수'였다. 나는 근로소득을 모아서 재산을 만들기 어렵다는 현실을 받아들였다. 이런 현상들로 인해 비트코인 등 가상화폐에 영끌(영혼까지 끌어 쓴다)이라는 표현이 등장할 정도로 대출까지 끌어다가 투자를 하여 큰돈을 잃는 사람들이 많다.

피할 수도 없는 상황이었다. 세상이 나에게만 고통을 주는 것 같다는 생각도 해봤다. 근데 그건 착각이다. 누구나 슬펐던 감정, 힘들었던 감정들을 다 안고 살아간다. '그럼 행복해지는 방법은 없을까?' 생각은 해봤지만, 나에게는 꿈속에서만 가능한 이야기였다.

그만큼 부동산 투자를 해야 한다. 돈을 모으는 데까지 걸리는 시간은 결국 부동산 투자로 자산을 불리는 데 걸리는 시간을 따라가기 힘들다. 직접 투자를 하면서 공부를 해야지 더욱더 빠르게 성장할 수 있다. 20·30세대는 시간이 있기에 더 가능성이 있다. 나는 열심히 살고 있다고 생각은 했지만, 결국 회사에서 시간을 투자하고 있다. 그 시간은 사실 나에게 플러스가 되어주는 시간은 아니었다. 부동산 재테크는 쉽게 접할 수도 없고 방법을 들을 수가 없다. 아니 배울 기회가 없었다. 돈이 생기고 나서 공부를 하면 늦는다. 우리가 모르는 수많은 사람은 이미 돈을 벌고 있다. 나도 월세로 시작해서 점차 하나씩 이루어가고 있다. 시작이 어려울 수 있겠지만 해보고 나면 별것 아니다. 20대도 부동산 재테크를 할 수 있다. 주의할 점은 자기 자신을 믿어야 한다는 것이다. 나 자신조차 믿지 못한다면 투자에 확신도 생기지 않는다. 우리에게는 남는 것은 시간뿐이다. 기회가 오기를 바라지 말고 기회를 잡아야 한다. 선택은 당신의 몫이다. 지금의 시간은 다시는 돌아오지 않는다. 기회를 만드는 자가 되길 바란다.

MUST HAVE FIVE TOOLS

Dreams, Self-improvement, Stocks, Real estate, Exercise

20대에
꼭 알아야 할
5가지 공부

5장

운동,

내가
운동을 통해
얻은 인생의
선물들

세상에서 가장 값진 선물은 '나' 자신에게 투자하는 것이다

세상에서 건강을 대신해서 나를 지켜줄 것은 아무 것도 없다. 아무도 당신의 건강을 챙겨주지는 않는다. 나를 지키는 사람은 나밖에 없다. 자기 자신은 스스로가 지켜야 한다. 요즘은 자기 관리가 기본적으로 추세가 되었다. 헬스, 필라테스, 스포츠 운동 등 사람들이 자기 관리를 위해 다양한 방식으로 운동하는 것이 대중화가 되었다. 아마 코로나19 영향도 한몫을 했을 것이다. 예전에는 건강에 큰 관심을 두지 않았다. 예전엔, 학생들은 크게 잠깐 관심을 두다 마는 정도였는데, 지금은 10대와 20대부터 각 연령층이 운동하는 모습들을 많이 보게 되었다. 너무도 좋은 현상이다. 그로 인해 영양제, 비타민 등 각종 건강기능 식품들의 매출이 올랐다는 소식을 접했다. 예전과 다르게 사람들이 많이 건강에 대해서 예민해졌고 많은 관심을 가지고 있음을 보여주는 것이다. 인생에서 가장 중요한 것은 자신에게 투자하는 것이다. 나는 나를 지키기 위해서 운동에 투자하게 되었다.

나는 어릴 적에 평범한 몸이었다. 운동은, 남들이 어릴 때 한 번쯤은 거쳐가는 태권도, 합기도, 검도 등 꼭 필수 코스로 거칠 정도로 접했다. 요즘은 체력 관리보다는 다들 초등학생 때부터 각종 학원이나 과외 등 밤까지 공부하며 지내는 걸 흔하게 목격한다. 그 시간이 나중에 큰 도움이 된다면 다행이지만, 밤늦게까지 보내는 걸 보면 한편으로는 안쓰러운 마음이 든다. 나는 체력 관리하는 습관도 중요하게 생각한다. "세 살 버릇 여든까지 간다"는 말이 있다. 어릴 때부터 체력을 관리하는 습관을 만들어주면 건강한 체격의 아이로 클 수 있다. 하지만 요즘은 코로나19로 인해서 활동적인 운동은 힘들더라도 집에서 하는 운동을 통해서도 관리할 수 있다.

누군가 운동을 하라고 시킨 적은 없었다. 나도 학원에서 잠깐 체력을 길렀을 뿐이다. 근력운동을 자연스럽게 하게 된 계기가 있다. 나 스스로 나 자신을 지키기 위해 시작하게 되었다. 중학생 시절 나는 친구랑 영화를 보러 간 적이 있다. 그 당시 어린 나이 체격도 큰 편은 아니고 보통이었다. 친구랑 영화관을 향해 걷는 도중 건장한 체격의 성인 두 명이 우리를 보면서 말했다.

"야 너희 잠시 따라와 봐."

"저희요?"

"아니 아까부터 왜 이렇게 쳐다보니. 일단 이쪽으로 와봐."

내 친구보고 왜 이렇게 쳐다보냐고 둘 다 따라오라고 해서 나도 자연스럽게 따라갔다. 좋지 않은 예감이 들었다. 도움을 청해야겠다는 생각은 했지만, 주변에 우리 말고는 아무도 없던 곳이다 보니 일단 따라갔다. 막상 가보니 우리에게 돈을 요구했다.

"얘들아, 너희 가지고 있는 돈이 얼마 정도 있어?"

"저희 5만 원밖에 없는데요."

그때 5만 원이 전부였는데, 그중 친구랑 나의 돈을 조금 남겨두고 다 몽땅 빼앗겼다. 그러면서 "신고하면 가만 안 둔다."라며 협박을 했다. 중학교 1학년이라 반항할 힘도 없고 순수하게 알겠다고 했다. 그때 친구랑 영화도 못 보고 그냥 허탕 치고 돌아갔다.

돌아가면서 나는 '나 자신이 스스로 지킬 줄 알아야지 나를 보호할 수 있겠구나.'라고 생각했다. 그 후로 나는 어린 마음에 강해져야지 내 주변 사람들을 지킬 수 있겠다 싶어서, 다시는 이런 일이 없도록 꾸준하게 운동하기로 했다.

그때부터 집에서 매일 팔굽혀펴기와 맨몸운동을 해서 체력과 근력을 키우기 시작했다. 팔굽혀펴기는 전신 근육을 균형 있게 발전시키고 운동기구 없이도 할 수 있는 효율적인 운동이었다.

처음에는 다섯 개도 쉽지 않았다. 여태껏 해본 적도 없고 아직 성장기라서 힘이 부족했던 탓이었다. 처음에는 한 개씩 늘리기로 해서 꾸준하게 진행했다. 처음에는 아무 효과를 잘 못 느꼈다. 체육 시간에 배운 지식으로 계속해서 해봤다. 그렇게 한두 개씩 하다 보니 시간이 지나 열 개 이상을 가뿐하게 하게 되었다. 밥도 잘 챙겨 먹고 2~3개월 지났을 때 체중도 많이 증가하였다. 나는 개수가 계속해서 늘어나 성취감과 건강해지는 것을 체감하게 되었다. 몇 달이 지난 후 친구가 나를 보면서 말했다.

"준혁아, 너 몸이 원래 몸이 그렇게 좋았나? 근육이 많이 발달했는데."
"그냥 집에서 팔굽혀펴기 꾸준히 했더니 효과가 있는 거 같네."

그렇다. 내가 스스로 지켜야 한다는 신념으로 시작했던 운동이었는데, 그 효과가 어느 순간 다 나에게로 되돌아와 나의 몸과 마음이 발전하고 있었다. 처음부터 몸이 좋아지길 바라지는 않았다. 단지 내가 강해져야 한다는 마음뿐으로 악으로 매일 빠짐없이 꾸준히 해왔다. 꾸준히 지속해와서 성인 신체 능력만큼 좋았다.

단순하게 나를 지키자는 마음으로 시작했던 운동이 취미가 되어버렸다. 그때부터 나는 운동이 너무 재미있었다. 고등학생 때 우리 학교는 다른 학교들과 다르게 해마다 축제로 보디빌딩을 진행하는 것으로 유명했다. 나는 관심은 없었는데, 주변에서 선발하는 인원을 구하는 중 추천받게 되었다. 근력운동을 해본 적도 없고 맨몸운동만 해봐서 '내가 여기에 나가도 되는 게 맞는 건가?' 하는 의문이 들었다. 그 중 PT를 해본 학교 선배가 직접 훈련을 도와줬다. 학교에 헬스장이 있어서 준비하는 데는 문제가 없었다.

모든 경험은 나에게는 엄청 값지다. 단순하게 시작했던 운동이 축제까지 나가게 되어서 보람찼다. 운동으로 자신감도 많이 얻었다. 사실 보디빌딩을 나가게 된다면 자신감이 중요하다. 팬티 한 장을 걸치고 무대에 올라야 한다는 게 사실 보통 자신감은 아니었다. 부끄럽기도 하고 한편으로는 두렵기도 했다. 스포츠 선수들은 멘탈 트레이닝 등 자기 최면을 하면 효과가 좋다고 해서 나는 무대에 서기에 앞서 자기 최면을 걸었다. 항상 선수들이 대회에 진행하기 전 스스로 자기 최면을 하기도 한다.

'준혁아, 잘할 수 있다. 자신감을 가져라.'

나에게 반복적으로 말하다 보니 긴장은 덜 되었다. 무대에 올라가서 보디빌딩 포징을 했는데 내가 생각했던 것보다 좋은 반응을 받아서 만족스러웠다. 그 후로 나는 본격적으로 맨몸운동에서 고등학생 때 제대로 근력운동에 입문하게 되었다. 지금까지 꾸준한 습관을 만들어 즐겁게 운동하고 있다. 건강 관리는 누구나 해야 한다고는 생각하지만, 생각보다 꾸준하게 유지하기가 쉽지 않다. 개인적으로 나는 몸을 만드는 데 집착보다는 즐겁게 해야 몸도 마음도 건강을 유지할 수 있다고 생각한다.

다들 처음 시작하게 되면 어려움을 많이 겪는다. 막상 헬스장 등록하고 돈만 버리는 경우를 주변에서 많이 봐왔다. 나의 경험을 바탕으로 헬린이를 위한 직장인, 학생들도 꾸준하게 즐거운 운동을 하는 방법을 소개한다.

첫 번째, 헬스장에서 운동하려면 꾸준하게 나가는 게 가장 중요하다. 그러기 위해 가장 가까운 곳으로 등록하는 걸 추천한다. 사람인지라 거리가 멀어지면 귀차니즘이 발생한다. 이제 막 입문한 헬린이들은 이것마저 핑계로 삼고 싶어 한다.

두 번째, 헬스장 처음 다니는 사람들이 겪는 고충을 들어 보면 '어떤 운동을 해야 할까? 지금 내가 잘하고 있는 게 맞는 걸까?' 하고 고민하는 상황을 많이 볼 수 있다. 근력운동은 하지 못하고 결국 러닝머신만 타다가 나가는 경우도 봤다. 처음 습관이 가장 중요하다. 틀린 자세로 운동하게 되면 다칠 수 있다. 웨이트 트레이닝에 있어 부상은 아주 치명적이다. 어깨, 팔꿈치, 무릎 관절 등 다치면 한동안 회복 기간, 등록 비용 모두 허탕이 되어 버린다. 주변에 도와주는 사람이 없으면, 한동안 기구를 다룰 수 있을 때까지 PT를 받는 것을 추천한다. 혼자서 하는 사람들은 대부분 의지 부족으로 포기하는 상황을 너무 많이 봐왔다.

세 번째, 몸을 빨리 만들기 위해서 집착을 하게 되면, 금방 슬럼프가 오기도 한다. 누구나 한 번쯤은 다이어트로 날씬한 몸 만들기, 몸짱 되는 계획을 세운다. 그런 마음을 갖는다. 사실 단기간에 몸을 만들려면 그만큼 식단과 시간을 투자해야 가능한 일이다. 이제 막 시작하시는 분들은 조금씩 인바디를 체크하면서 단기간은 아니더라도 꾸준하게 작은 변화부터 만들어가는 습관이 중요하다.

꾸준하게 좋은 습관을 만들면서 운동을 하게 된다면, 좋은 성과는 분명 뒤따라올 것이다. 과거에는 운동하기에 최악인 환경에서도 꾸준히 해왔다. 시간이 없어 못 가는 날도 있었다. 직장인이라 자신만의 방법을 찾으면서 여러 분할 운동을 하면서 나에게 맞는 운동법을 찾기 위해 노력을 했다. 야근과 교대 등 시간이 없어서 못 가는 일도 있었다. 처음에는 매일 가야 한다는 것에 집착할 필요가 없다. 조금씩 습관부터 잡는 게 중요하다. 집에서 홈트레이닝부터 시작해도 좋다. 나는 근력운동을 시작하기 전에는 맨몸운동으로 기초 체력을 만들고 나서 헬스를 시작하게 되었다.

운동에 투자한 시간은 돈 주고도 살 수 없는 값진 투자라고 생각한다. 사람마다 다르겠지만, 나는 운동 하나로 여러 가지 성취를 하게 되었다. 건강한 체력과 멘탈, 자신감을 얻어 튼튼한 심신으로 발전하게 되었다. 지금은 근력운동을 하면서 주변 지인들에게도 도움이 되어주고 있다. 헬스는 나 자신과 싸움이라고 생각한다. '특별한 기술? 비법? 그보다 더 중요한 건 나 자신과의 싸움에서 이길 수 있는 정신력이다.' 나도 할 수 있으면 당신도 할 수 있다. 오늘부터 자신에게 가장 값진 선물을 하길 바란다.

02

부와 행복을
성취하기 위해
20대에 체력을 만들어라

　20대 초반, 교대근무를 했을 때였다. 4조 3교대로 주간, 오후, 야간 패턴으로 계속해서 로테이션이 되었다. 야간 근무를 했을 때는 회사 밖을 나가면 눈부신 아침이 나를 맞이했다. 나는 정말 햇빛을 보면서 예전에 택배 상하차 단기 아르바이트했을 때가 생각났다. 아침을 밝히며 하루가 시작되어야 하는데 나는 취침 시간이었다. 인간은 적응의 동물이라고 한다. 교대근무를 하는 사람이라면 나의 말에 공감할 것이다. 낮과 밤이 바뀌는 것은 정말 힘들다. 주간에는 괜찮지만, 야간에는 잠을 포기하고 일을 하는 것이 정말 보통 일이 아니다. 대신 장점도 있다. 야간수당이 붙어 월급을 더 받는다. 반면 단점은 무엇일까? 불규칙한 생활로 체력이 떨어져 피로가 누적된다는 것이다. 가끔은 오늘이 며칠인지도 잊을 때가 있을 정도다. 정신없이 바쁘게 살아왔다.

내가 어릴 적부터 지속해왔던 습관 중 하나가 헬스이다. 이 생활방식은 헬스를 하기 어려운 조건이었다. 정신력 하나로 퇴근 후에도 야간이든 주간이든 24시 헬스장 하는 곳을 찾아가 평소보다는 운동량은 줄여도 1시간씩은 하려고 했다. 퇴근하고 피곤하면 계속해서 쉬고 싶은 생각도 들었다. 악마의 속삭임이 나를 유혹하는 것처럼 말이다. 체력은 필수지만 무리는 하지 않기로 나는 다짐했다.

스무 살에는 젊음의 패기로 주간 12시간 근무하고 퇴근 후 수영장까지 자전거 타고 1시간 이상의 거리를 다녔다. 수영 수업 끝나고 다시 숙소로 복귀해서 헬스까지 하면서 수영을 배웠던 적이 있다.

이때 너무 무리하면 독이 된다는 걸 내 신체 반응을 보고 깨달았다. 다음 날 출근하기 위해 아침에 일어나는데 코에서 뭔가 떨어지는 것이었다. '코감기인가?' 하고 손으로 닦았더니 코피가 주르륵 흘러나오고 있었다. 그때 체력과 좋은 취미를 만드는 것은 좋은데 '무리하면 독이 되는구나.'라고 느꼈다. 그 후 얼마 못 가서 수영은 그만두기로 했다.

하고 싶은 것이 있어도 내 건강을 무엇보다 최우선으로 정하기로 했다. 욕심은 부리지 말고 내 상황을 잘 고려해서 하나만 하기로 했다. 속

담에 이런 말이 있다. "두 마리 토끼를 잡으려다 한 마리도 못 잡는다." 하고 싶은 건 많지만 몸은 하나인 나 자신에게 너무 욕심을 부린 것이 오히려 득이 되지 못하고 독이 되었다. 건강과 나의 취미를 위해 발전하는 건 좋지만, 지나치게 무리하면 오히려 병을 일으킨다.

직장인의 하루는 시작부터 피곤함으로 시작하게 된다. 특히 주말이 끝나고 월요일이 찾아오면 월요병은 더 심해진다. 매번 같은 일상을 보내더라도 아침마다 피곤함을 이겨내는 것이 정말 힘들었다. 이상하게 주말이 되면 큰 부담감은 줄어드는데 다시 출근하는 날만 되면 온갖 부정적인 생각에 사로잡혔다. 잠자는 시간이 아까워서 일찍 자는 것보다 더 늦게 자는 경우가 많았다. 다음 날 출근을 하기 위한 전쟁이 시작되었다. 정신없이 일어나 바쁘게 준비하고 비몽사몽 멍한 상태로 출근을 했다. 아침은 정말 적응하기가 어려웠다.

20대에는 주변을 보면 친구들과 술을 마시며 보내는 경우가 많다. 충분히 술도 마시면서 친구들과 소통도 하며 보내는 것도 좋다고 본다. 하지만 과도한 음주는 우리 자신에게 신체적 피해를 준다. 다음 날은 오히려 체력과 컨디션이 최악인 하루로 보내야 한다. 이 사이클이 반복되는 경우를 많이 봤다. 나도 경험은 해봤지만, 잠깐은 아무 걱정 없이 보낼 수 있다는 것에 안주했다. 하루도 못 가 반복되는 하루를 맞이하게 된다.

다시 현실로 돌아가 매사에 불평과 불만을 품고 행복과 멀어지는 인생을 살아가게 되었다. 예외는 분명히 있지만 대부분 내 또래 청년들이 겪는 현실이다.

사회 초년생이 되면 대화 내용은 무거움이 더해진다. 자신이 처한 상황에 불만이 생기게 되고 삶의 여유가 없다고 생각하게 된다. 사회 초년생이 겪는 스트레스는 날이 갈수록 쌓여 술로 풀어버리는 경우가 있다. 사실 가장 위험한 현상이다. 많은 사람이 술로 스트레스를 풀려고 한다. 연구팀의 엠마 차일즈 교수에 따르면 "이는 효과는 전혀 없을 뿐 아니라 오히려 스트레스가 더 쌓여 음주량을 늘어나게 한다."라고 말했다. 과거에는 스트레스를 받았을 때, 술도 마셨지만, 편안함을 느끼는 것은 일시적인 효과다. 다음 날 최악의 컨디션으로 하루를 맞이하게 되고 역효과가 나타난다. 지나치게 술을 마시면 우리 몸에서는 아세트알데히드를 만든다고 한다. 이 안에는 신경독소가 있다.

이로 인해 신경을 움직이게 하는 근육도 망가지게 한다. 운동하는 사람들은 근육까지 망가지게 된다면, 정말 치명적이다. 술을 마시지 말라는 것은 아니다. 다만 스트레스 해소를 술에만 의존하지 말라고 강조하고 싶다. 함께 축하해주는 자리나 즐거운 자리에서는 좋은 의미로 모임을 하는 건 좋다. 반면 분노와 스트레스를 술로 풀기 위해 마신 술은 더 큰 우울감과 더 많은 술을 부르는 중독의 악순환에 빠지게 한다. 건강을 위해서라도 술을 줄이고 지금부터라도 체력 관리를 위해 운동으로 시간을 보내며 스트레스를 풀면 좋겠다.

부와 행복은 싫어하는 사람이 없을 정도로 사람이라면 누구나 성취를 원한다. 나를 바꾸지 않으면 시간은 계속해서 흘러간다. 나도 부와 행복을 성취하고 싶은 욕망이 있다. 그 전에 앞서 체력이 따라줘야지 행동으로 옮길 수 있다. 지속해서 운동으로 나의 체력 관리를 했다. 정말 체력은 일상생활이나, 회사 생활에서 가장 중요하다고 생각한다. 운동하면 오히려 피곤하다고 생각할 수 있다. 하지만 운동의 효과 관련 논문만 보면 해야 하는 이유가 너무 많다. 나는 개인적으로 지금보다 삶의 질을 높일 수도 있고 더 행복해지고 싶고, 지금보다 덜 우울해지는 대신 자신감이 생길 수 있다. 결과적으로 지금보다 더 나은 당신이 될 수 있다는 것이다. 운동하게 되므로 하루는 조금 더 짧아질지도 모르지만, 삶의 질은 높아진다. 성공한 사람들의 특징 중 꼭 들어가는 것 중 하나는 운동하는 사람의 비중이 지배적으로 많다. 운동이란 하루에 단 15분도 포함된다. 그만큼 충분히 해야 할 이유가 된다고 생각한다.

자신의 시간을 헛되게 보내게 되면 피로는 누적이 된다. 주말에는 힐링해야 하는데, 피로가 쌓인 상태로 월요일을 시작하게 된다. 마치 어릴 때 일요일 밤만 되면 〈개그콘서트〉를 정신없이 웃으면서 보다가 끝날 때 되니 개콘에 나오는 반주 소리가 나의 마음을 점점 무겁게 만들었다. 한

구석으로 답답하고 밖에 나가고 싶은 심정이 가득했다.

불안한 마음으로 잠들다 보니 아침에도 개운하게 잠이 든 게 아닌 무의식적으로 일찍 일어나게 되었다. 교대근무를 하게 되었을 때는 개콘에서 느꼈던 감정보다 더 컸다. 규칙적인 패턴이 아니었다. 월요일이랑 상관없이 오히려 주말에도 출근하고 더 극심하게 찾아왔다. 이 점들을 극복하기 위해 나만의 신체 리듬을 관리하는 방법을 만들었다.

첫 번째, 여유 있게 일어나서 자신이 좋아하는 노래를 틀면서 하루를 맞이해라. 이왕이면 신나고 기분이 좋은 노래를 통해 에너지를 충전하자.

두 번째, 스트레칭을 통해 잠에서 깨어나야 한다.

세 번째, 일어나서 미온수를 마신다. 일어나자마자 물을 마셔주면 즉각적인 수분 보충에 도움이 되고 혈액 순환을 원활하게 만들기 때문에 밤사이 쌓인 노폐물도 빠르게 배출시킬 수 있다.

네 번째, 꾸준한 운동으로 웬만하면 끄떡없는 멘탈을 극복하는 데 도움이 되었다. 체력은 당연하게 따라온다.

하루를 조급하게 맞이하게 된다면, 시간에 아침부터 부정적인 생각으로 가득하다. 여유 있는 하루를 보내야 한다. 하루의 기분은 아침에 좌우된다고 해도 과언이 아니다.

매일 무기력한 삶에서 벗어나지 못하는 사람들이 있다면, 원인을 외부에서 찾지 말고 자신에게서 찾길 바란다. 습관은 하루아침에 바뀌지 않는다. 애플 CEO 팀쿡, 트위터 CEO 잭 도시, 스타벅스 CEO 하워드 슐츠 등은 아침 일찍 일어나 조깅 등의 운동으로 하루를 시작한다고 한다. 이미 세계적으로 알려진 성공자들도 실천하고 있는데 운동이 빠질 수는 없다.

바쁜 회사 생활과 교대근무, 야근하는 직장인이면, 운동하는 시간은 사실상 무리라고 생각을 할 수 있다. '퇴근 후 휴식 시간조차 없는데 운동은 어떻게 해.' 많은 불만이 오고 갈 수 있다. 나 역시도 이런 패턴으로 운동을 해보니 쉽지 않다는 건 잘 알고 있다. 성공한 CEO들은 환경을 떠나 꾸준하게 운동하고 있다는 것이다. 매일 아니더라도 괜찮다. 주 2~3회라도 해도 충분히 건강한 체력을 만들 수 있다. 많은 성공한 사람들이 부와 행복을 얻기 위해 실천한 습관 중 빠지지 않고 들어가는 건 바로 운동이다. 운동을 통해 삶과 일 모두 발전할 수 있다. 운동의 종류는 다양하다. 아무리 주변에 도움을 준다고 해도 본인 스스로 하지 않으면 의미 없어진다. 지금부터라도 자신만의 체력을 관리할 수 있는 활동적인 취미를 찾아 실천으로 옮기길 바란다.

망가진 정신 건강을 회복시키는 비결은 운동이다

하루하루가 무기력하고 정신 건강은 망가질 대로 망가져 지쳐 있었다. 마치 하루살이 같은 인생을 살아가고 있었다. 세상이 무너져 내릴 것 같던 시절이 있었다. 앞서 언급했듯이 과거에 전역 후 다단계를 했다. 막연하게 돈을 많이 벌고 싶다는 욕심으로 시작을 하여 실패를 겪었다. 모든 생활을 접고 지방으로 다시 내려왔지만 나의 삶은 망가졌다. 나의 미래는 희망이 보이지 않고 낮과 밤은 상관없이 점점 어두워져만 갔다. 그때의 나는 망가진 정신 상태로 하루하루를 보내며 견뎌야 했다. 안색도 가면 갈수록 어두워지고 있었다. 만약 지옥이 있다면 내가 겪는 상황이 지옥이라고 생각했다.

과거를 돌이켜봐도 그때만 생각하면 정말 꺼내고 싶지 않은 아픈 추억들만 떠오른다. 전역 후 다시는 겪기 싫은 악몽 같은 시기들이 있었다. 사고들이 끊임없이 찾아왔다. 무릎이 글라이더 회전 날에 깊게 파이는 사고가 있었는데, 조금만 더 날이 들어갔으면 대형 사고로 이어질 뻔했다. 지금 다시 생각해봐도 그때 일어난 일은 정말 아찔하게 여겨진다. 그 이후로 얼마 지나지 않아 작업 중 쇠 파이프에 머리가 부딪혀 찢어졌다. 흉터는 사라지지 않아 아픈 흔적들이 고스란히 남았다. 하지만 시련들은 계속해서 찾아왔다. 인생에서 바닥인 줄 알았는데 지하세계가 있었다. 빚까지 끌어다 시작했던 다단계 일로 빚만 지게 되었다. 정말 가진 것 하나 없이 인생을 개척해야만 했다.

'차라리 전역하기 전으로 다시 리셋하고 싶다.'

이런 생각도 많이 했었다. 이미 지나간 과거를 탓해 봐야 나의 정신 건강만 나빠져갔다. 나는 점점 부정적으로 세상을 바라보기만 할 수밖에 없었다. 이런 상황을 어떻게 극복해왔을까? 지난 나를 돌이켜보았다.

과거에 내가 유일하게 흥미를 갖고 꾸준히 해왔던 것은 헬스였다. 체력과 근육을 키워나가며 긍정적인 마인드로 후임들에게도 운동 코치를 해주는 등 많은 이들에게 큰 힘을 주었다. 매일 일과가 끝나면 헬스장으로 가서 나는 꾸준하게 운동을 해왔다. 헬스에 관심을 보였던 후임들이 있으면 같이 알려주면서 도와줬다. 처음 시작했을 때는 왜소한 체격이었지만, 꾸준하게 해온 결과 점차 발전하는 모습을 보여줬다. 나 역시도 군대의 매일 반복되는 일상과 하루 중 유일하게 스트레스를 풀면서 건강과 체력을 키울 수 있는 시간이었다. '그냥 무의미하게 보내는 것보다 몸이라도 만들자'는 마음으로 더 열심히 했다. 지금 그 후임들은 전역 후에도 연락하면서 지내고 있다. 근황들을 보면 지금도 열심히 운동하며 건강을 유지하고 있다고 한다.

밝고 긍정적인 시절의 나를 봐왔던 사람들은 내가 전역 후 시련을 겪었다는 사실들을 알게 된다면 충격을 받을 수 있다. 그만큼 '절망'이라는 단어랑은 거리가 멀었던 사람이었다. 불평, 불만 없이 있는 그대로 받아들이고 항상 밝고 자신감이 늘 넘쳤다.

하지만 전역 이후는 체력과 정신 건강이 시간이 흐르면서 점차 망가져 가고만 있었다. 나는 절망 속에서 꿈과 목표를 전부 잃어버리고 방황을 했다. 군 복무 시절 부정적인 말과 행동은 일절 하지 않았던 '긍정 맨'이라고 불렸던 사람과는 점차 거리가 멀어져만 갔다. 나는 망가진 정신 건강을 회복할 때까지는 주변 사람들과 만나지 않았다. 나 자신을 돌아보는 보는 시간을 보내면서 과거에 힘든 상황에 부딪쳐 있던 친구들과 여러 사람이 떠올랐다. 자신이 망가진 정신 상태에서 항상 SOS를 외치고 있지만, 속마음을 꺼낼 수 없다는 것을 알았다. 그 당시에 나는 이런 상황에 놓인 친구들에게 큰 힘이 되어주지는 못했다. 그때 나에게 조심스럽게 고민을 털어놓았는데 내가 해줄 수 있는 건 진정성 있게 들어주는 것 뿐이었다. 그 당시에는 공감할 수 없었지만, 내가 시련과 실패를 겪고 나서 사람들의 마음을 이제야 조금은 알 수 있게 되었다.

지금도 나에게 개인적으로 연락을 하여 고민을 털어놓는다. 나는 내가 할 수 있는 선에서 최대한 도움을 주려고 한다. 망가진 정신 상태를 회복하지 않으면 좋은 생각은 절대로 할 수 없기 때문이다. 그러기에 세상을 부정적인 시선으로 바라보지 않을까 하고 걱정을 하기도 했다.

망가진 나의 정신 건강의 근본적인 이유는 환경, 돈, 사람, 건강 등이었다. 분명 누군가는 자신의 인생이 불만족스럽고 고통스러운 하루하루를 보내고 있을 것이다. 내가 극복할 수 있었던 이유는 과거에 대한 집착을 버리고 현재에 지금 자신이 할 수 있는 것을 찾으려고 노력했기 때문이다. 정말 비극에서도 답을 찾으려고 했다. 내가 움직이지 않으면 과거에 계속해서 머물러 있기 때문에 이 고통을 하루빨리 극복하고 싶었다. 자신의 위치를 돌아보면 본인에게 정답이 있다는 것을 알 수 있다.

과거의 나의 상황과 너무도 비슷해 많이 공감되었던 드라마가 있었다.

드라마를 챙겨보지는 않는데 주인공에게 동기 부여를 받아 몰입해서 끝까지 다 보았다. 〈이태원 클라쓰〉라는 드라마다. 이 드라마는 현실과는 괴리감은 있었지만 나는 동기 부여를 받고 큰 힘이 났다. 여기서 주인공 박새로이는 억울한 일들과 수많은 시련을 겪는 캐릭터로 나온다. 하지만 그 모든 걸 견뎌내고 목표를 이룬다. 나는 이 목표를 이룬 모습보다 극복하는 과정에서 공감을 했다. 상황은 다르겠지만 각자가 시련을 겪는다면 아픈 마음은 같을 것이다. 드라마에서 여러 시련이 계속해서 찾아온다. 힘든 와중에서도 포기하지 않고 계속해서 일어선다. 자신의 소신, 옳은 소신을 굽히지 않는 강한 정신력을 주인공은 보여준다. 내가 처해 있던 상황으로 공감이 많이 되었고 그 드라마는 나에게 동기 부여가 많이 되었다. 주인공 박새로이가 억울하게 감옥에 가서 했던 말이 있다.

"안 될 거라고 정해두고 그래서 뭘 하겠어요. 해보고 판단해야지."

나는 이 대사를 들으며 여러 가지 생각이 들었다. 과거에 나는 시련들이 오면 그 시련을 탓하기 바빴다. 어차피 상황은 내가 일어서지 않으면 변하지 않는다는 진리를 알고 힘들더라도 참고 나아가야 한다. 나 역시도 내가 원하는 목표에 도달하지는 않았지만, 나에게 힘든 상황이 찾아왔을 때 나의 신념을 갖고 나아가다 한계라는 벽을 만나도 나는 깨부수기 위해 계속해서 나아갔다.

내가 극복했던 방법 중 운동도 무시 못 할 정도로 나에게 좋은 영향을 주었다. 정신 건강이 나빠지게 될 때 땀이 흐르는 운동을 하면 잡생각이 사라졌다. 열이 나면 날수록 힘이 났다. 그 힘으로 현재 처해 있는 상황을 외면하지 않고 받아들였다. 상황은 점점 나아지면서 자연스럽게 정신 건강과 체력도 좋아졌다.

그 운동은 내가 어릴 때부터 꾸준하게 해왔던 근력 운동이다. 운동할 때만큼 잡생각은 사라지고 오로지 한 가지에 몰입할 수 있기 때문이다. 그러면서 점차 내가 노력하는 만큼 발전하는 모습을 보면서 성취감을 얻었다. 각자 차이는 있겠지만, 자신이 시간과 노력을 들이는 만큼 성과는 따라오기 때문에 성취감을 얻기에 가장 좋고 정직한 것이 바로 운동이다. 현재도 각종 스트레스로 일이 풀리지 않으면 근력운동을 하면서 계속해서 성장해 나아간다.

'정신적인 고통을 없애고 긍정적인 마인드를 갖던 시절로 돌아가자.'라는 마음으로 실천했다.

몸은 기억하는지 금방 다시 원래 건강한 정신력과 체력으로 다시 돌아왔다. 망가진 정신 상태로는 살아가면서 제대로 된 능력을 발휘할 수 없다. 건강한 상태가 기본으로 받쳐줘야지 다시 일어설 수 있다. 나는 운동을 통해서 다시 건강한 상태로 몸과 마음을 회복했다.

직장인에게 건강은 자산이나 다름없다. 자기 건강은 스스로 지켜야 한다. 건강에 문제가 생기면 우리의 근로소득이 끊기기 때문이다. 기사 중 코로나19 영향으로 특히 20~30대 청년층의 정신 건강 상태가 나빠지고 있다고 한다. 조사에 따르면 '우울', '자살' 생각이 정신 건강에 부정적인 영향을 끼친다고 한다. 생활 습관을 바꾸는 것만으로 질병의 예방이 가능하다. 나의 생활 습관 중 운동이라는 것을 통해 망가진 정신을 고쳐나갔다. 나는 항상 몸에 땀이 흐르는 운동을 하면 잡생각이 사라져 다시 정신 건강을 회복할 수 있었다. 운동할 때만큼은 잡생각은 사라지고 오로지 몰입할 수 있기 때문이다. 그러면서 점차 내가 하는 만큼 발전하는 모습을 보면서 성취감을 얻었다. 운동으로 다시 긍정적인 마인드와 건강도 되찾았다. 운동이 꼭 정답은 아니지만, 운동을 통해 건강과 다시 열정적인 에너지를 되찾고 망가진 정신 건강을 회복시키길 바란다.

04

생활 습관을 바꾸는 것만으로
질병의 완쾌와
예방이 가능하다

코로나19 여파로 건강을 챙기는 사람들이 점차 늘면서 자기 관리를 하는 사람들이 예전보다 많이 늘었다. 유튜브를 봐도 확연하게 예전과 다르다는 걸 알 수 있다. 예전에는 유튜브를 보면 운동 콘텐츠를 하는 사람은 극소수였다. 요즘에는 운동 콘텐츠로 활동하는 사람들이 많아졌다. 최근에 듣게 된 놀라운 소식 중 하나로, 연예인 중 내가 팬인 김종국도 운동 유튜브를 시작했는데, 유튜브 데뷔부터 5일 만에 구독자 100만 명을 순식간에 돌파했다고 한다. 김종국의 팬인 사람들도 있겠지만, 그만큼 운동을 시작하거나 좋아하는 사람들이 많이 생겼다고 생각한다. 나는 김종국이 대단하다고 생각한다. 운동을 지금까지도 좋아하면서 꾸준하게 하고 있지만, 사실 알고 보니 허리에 문제가 생긴 사람이라고 한다. 인터넷에 올라온 김종국의 척추 사진 한 장을 봤는데 상당히 틀어져 있었다. 어릴 때 제대로 된 정보 없이 잘못된 운동을 해왔기 때문이라고 한다. 그렇게 점차 허리 통증이 심해져서 병원을 갔지만, 고등학교 1학년 때 병원에서 허리디스크 판명을 받았다고 한다. 그때 의사는 헬스를 추천했고 운동을 하면서 허리가 훨씬 좋아졌다고 한다.

　최근에는 단순히 운동이 건강에만 좋은 것만 아니라 다양한 질병 예방에 효과가 좋다고 하기도 한다. 연구에 따르면 규칙적인 운동은 심장병 발병률을 20% 가까이 감소시킨다고 한다. 고혈압, 암, 골다공증 예방에도 효과가 있다고 하니 운동은 일상생활에 있어 꼭 필요한 것이 분명하다.

　나 역시 운동으로 가장 큰 효과를 본 건 만병의 근원, 스트레스다. 현대 직장인들은 각종 스트레스를 많이 받는다. 내 주변을 보면 사적인 스트레스, 업무로 인한 스트레스 등 여러 가지 다양한 스트레스를 겪는다고 한다. 우리는 24시간 중 회사 업무, 취침 시간을 빼면 남는 시간은 별로 없다. 바쁜 직장인들은 퇴근 후 몰려오는 피로감에 운동하는 건 사실 쉽지는 않다.

　퇴근 후 야근으로 인해 늦게 끝나게 되면 시간이 안 돼서 못 가는 날도 있었다. 그때 나는 무기력함과 쉬고 싶다는 생각이 따라왔다. 못 가는 날이 있으면 집에서 홈트레이닝으로 대체했다. 홈트레이닝은 집에서 해야 하다 보니 기구보다는 간편하게 몸으로 할 수 있는 게 많다. 보통 다이어트를 하는 데 있어 유산소 운동으로도 많이 한다. 유튜브에도 괜찮은 영상들도 많으니 참고해서 20분씩이라도 반복적으로 하면 충분한 효과를 본다고 한다. 다이어트를 시작할 때 집에서 제자리 뛰기, 버피 테스트 등으로도 했었는데 러닝 뛰는 것만큼 땀도 많이 났다. 남자들 같은 경우는 집에 턱걸이 정도만 있어도 헬스장 입문하기 전에 기초 근력을 키우는 데 도움이 많이 된다. 둘째 남동생은 학생 때까지는 키도 작고 체격도 왜소했다. 어릴 때는 막내 여동생보다도 키가 작았다. '더 키가 안 크면 어쩌나?' 나랑 엄마는 걱정했다.

나는 내가 꾸준히 해왔던 운동방식을 동생에게 알려줬다. 집에서 팔굽혀펴기랑 턱걸이를 꾸준하게 시켰다. 따로 헬스장에 다니지 않았고 운동을 배우게 하지도 않았다. 운동 시작 전 나중에 변화가 있나 보려고 사진을 찍었다. 동생은 시키지 않아도 혼자서도 꾸준하게 열심히 해왔다. 헬스장도 다니지 않고 오로지 턱걸이, 팔굽혀펴기 2가지 운동으로만 실천했다. 턱걸이는 처음 시작하는 사람에게는 어려운 운동이다.

처음에는 매달려서 버티는 연습부터 했다. 그렇게 시간이 지나 턱걸이

하는 바에 밴드를 걸고 한두 개씩 하게 되었다. 계속해서 발전하는 게 눈에 보였다. 내가 군인일 때까지만 해도 키도 작고 왜소한 체형이었다. 나중에는 밴드도 없이 열 개 이상을 가볍게 하고 있었다. 최근에 비교 사진을 찍어서 확인했다. PT도 안 받고 오로지 맨몸운동으로 만들어진 게 맞나 싶을 정도로 감탄이 절로 나왔다. 이제 스무 살 밖에 되지 않았는데, 이제는 나랑 별 차이가 없다. 나랑 다녀도 사람들은 전혀 동생으로 보지 않을 것이다. 키도 뒤늦게 커서 지금은 180cm 정도까지 컸다. 운동을 꾸준히 해온 결과 과거의 작은 키에 왜소한 모습은 온데간데없이 사라졌다.

동생을 보면서 느낀 점은 중학생 때 내가 운동해왔던 방식을 동생에게 알려줬을 때 잘했다는 것이다. 신체 조건이 불리하더라도 꾸준히 하면 충분히 좋은 효과를 볼 수 있다.

형으로서는 정말 뿌듯하다. 인문계라 온종일 책상 의자에 앉아서 체형도 많이 틀어지고 야간 자율 학습도 하다 보면 사실상 체력도 계속 나빠지는 게 당연하다. 야자를 끝내고 와서도 자기 전에 꾸준하게 운동을 통해 지금의 결과를 만들 수 있었다.

각자 상황에 맞게 운동법이 다 다양하다. 운동은 약이지만 잘못하면 독이 될 수 있다. 건강에 좋은 것이 운동이라도 잘못된 습관으로 지속하게 되면 독이 될 수 있다. 다이어트를 진행하게 되면 식단 관리도 한다. 단기에 다이어트를 하기 위해 무조건 굶는 경우도 봤다. 균형 잡힌 식단 등을 고려하지 않는 무리한 다이어트로 인해 칼슘, 비타민, 철분 등 영양소의 부족이 생길 가능성이 크다. 무리한 다이어트로 인해 부작용도 발생할 위험이 크다. 우리가 흔히 들어본 탈모, 전신 피로, 두통뿐만 아니라 심지어 단백질 섭취 부족으로 근육량도 줄어든다. 이런 식으로 진행하게 된다면, 요요 현상도 다시 올 뿐더러 일상생활을 하기가 쉽지 않을 것이다. 여름철 '다이어트'를 위해 단기간에 고생하다가 병만 앓고 고생할 수도 있다.

다이어트를 한다는 것은 좋지만, 이왕 하는 거면 기간이 오래 걸리더라도 다이어트로 인한 부작용만큼은 오지 않았으면 좋겠다. 다이어트는 몸무게를 줄이는 게 아니라 체지방을 감소시켜 보기 좋은 몸매를 만든다는 것이 바른 개념이다. 체중을 줄인다는 생각으로 무작정 무식하게 접근하면 안 된다. 지방을 효율적으로 낮추기 위해서는 기초대사량을 높여야 한다. 근육량을 키우게 된다면 기초대사량은 많아진다. 따라서 사람마다 칼로리가 소비되는 게 다르다.

개인적인 식단을 극단적으로 짜서 다이어트를 하면 일시적으로는 감량할 수는 있지만, 근손실을 가져올 수 있다. 오히려 그렇게 되면 살이 잘 찌는 체질이 될 수도 있다. 근육량이 줄어들면, 기초대사량도 줄어든다. 그럼 지방이 쌓이기 좋은 체질로 된다. 살을 빼기 위해서 운동을 해도 식단을 조절하지 않으면 빠지지는 않는다. 처음부터 극단적으로 가지 말고 밥 양을 조금씩 줄이면서 시작해보자. 주 업무도 있는데 살을 빼면서까지 스트레스받으며 극단적으로 하지 않았으면 좋겠다.

연구에 따르면 아침에 일찍 공복으로 유산소 운동을 하는 게 효과적이라고 한다. 이유는 전날 먹었던 음식들의 칼로리는 자면서 거의 흡수가 돼서 지방이 태우기 좋은 상태로 된다고 한다. 보통 직장인들이 많을 텐데 사실상 아침에 운동한다는 건 더욱더 쉽지 않다. 군대에 있을 때 아침마다 구보를 시켜줘서 지방을 태우기에는 확실히 좋은 환경이었다. 하지만 지금은 직장인이다 보니 쉽지는 않다. 다이어트만 한다고 해서 무조건 유산소 운동만 하면 안 된다. 웨이트랑 병행하면서 해야 효과적이다.

한때 체지방 한 자릿수까지 빼본 적이 있다. 나 같은 경우는 식단도 밥양은 줄이지만 회사 밥도 먹으면서 진행한 적도 있다. 사실상 일반인 다이어트는 대회 준비할 거 아니면 무리하면서까지는 하지 말자. 나 역시여름 준비를 해본 적이 있다. 선수만큼 좋은 몸은 아니더라도 일반인도충분하게 좋아질 수는 있다.

개인적으로 운동하는 사람들은 종합비타민, 마그네슘, 오메가3, 칼슘 등 영양소를 꼭 챙겨 먹는다는데, 나는 그것들을 다 먹기는 불편하기도 해서 다른 건 몰라도 비타민하고 오메가는 꼭 챙겨 먹으려고 노력한다. 일상생활 및 직장생활 등으로 피로가 쌓이거나 그러면 꼭 몸에 나타나는 현상 중 하나인 구내염이 잇몸 안에 자주 발생한다. 나는 전혀 피곤하지 않다고 생각했는데, 인체에서 반응이 온다. 알아보니 비타민 결핍이나, 피로, 스트레스를 받으면 생긴다고 한다. 구내염이 생기면 아침, 점심, 저녁 완전히 나을 때까지는 정말 고통스럽다. 한번 나면은 일주일은 이상 간다. 그래서 비타민제는 잊지 않고 챙긴다.

회사 업무와 운동까지 병행하는 사람들은 종합비타민이라도 건강을 위해서 챙겨 먹자. 개인 업무와 운동을 함께하는 사람들이면 더욱더 건강에 투자하길 바란다.

생활 습관을 바꾸는 것만으로 질병의 예방이 가능하다. 우리는 충분히 건강한 삶을 유지하며 살 수 있다. 직장인, 대학생, 사업가 등 우리의 24시간 중 조금이라도 운동에 시간을 투자하자. 꾸준한 운동이 최고의 습관을 만들어낸다는 점도 알고 있다. 근육량을 늘리기도 하고, 다이어트를 하기도 하면서 우리의 신체를 지금보다 더 나은 모습으로 바꾸기 위해 노력해야 한다. 걷기, 헬스, 각종 스포츠 등 다양한 분야 중 하나를 선택해서 건강한 생활 방식을 만들자. 우리가 운동할 때 얻는 좋은 에너지는 뇌의 신경과 근육에도 작용한다.

신경 세포 생성 촉진, 혈액 순환으로 뇌에 산소를 공급하고, 스트레스를 감소시키는 호르몬을 방출한다고 나온다. 그만큼 운동은 만병통치라고 불릴 만큼 일상 생활에서 빠질 수 없다. 당신의 생활 습관, 행동, 감정, 음식, 운동 등 우리가 미처 놓치고 있던 사소한 영역까지 점검하길 바란다.

05

나쁜 감정은 씻어내고
좋은 감정을 채우는
운동 습관

  우리가 살아가는 데 나쁜 감정은 아주 치명적인 단점이다. 나쁜 감정은 어디서부터 오는 것일까? 불안함, 좌절, 실패 등 부정적인 생각과 과거에 대한 상처 이런 것에서부터 온다. '마음을 다스리라'라는 말은 어쩌면 단순해보여도 그대로 행하기는 쉽지 않다. 일상 속에서 우리가 24시간 동안 잠자는 시간 외에는 머릿속에 잡생각부터 피어나기 시작한다. 생각하는 것에 따라 우리의 상황에 맞게 대처할 수도 있고 아니면 행동으로 바꿀 수도 있다.

  누구나 행복을 찾고 싶어 한다. 행복의 기준은 사람마다 느끼는 것이

다르다. 돈이 기준이 될 수가 있고 사랑이 우선이 될 수도 있고 아니면 사소한 일들에서 만족할 수도 있다. 그러기 위해 우리는 감정을 다스리는 훈련을 해야 한다. 우리가 겪는 일상적인 일 중 나를 힘들게 하거나 지치게 하는 일이 생긴다면 그 상황은 나쁜 감정을 부른다. 하지만 우리가 받아들이기에 따라 상황을 바꿀 수도 있다. 같은 상황이어도 어떤 사람은 긍정적으로 잘 침착하게 대처하는 사람도 있고 반면 '나는 할 수 없어.'라는 부정적인 생각에서 헤어나오지 못하고 나쁜 감정에 휘둘리는 사람이 있다.

저마다 개인차는 있겠지만 사람이라면 나쁜 감정이 생기는 것이 당연한 결과다.

나 역시 일상에서도 나쁜 감정에 의해 지배당한 적이 많았다. 과거의 부정적인 경험의 생각, 일상에서 찾아오는 변수의 일들 등 처음에 이런 상황들을 직면했을 때 몸이 힘든 부분이랑은 전혀 다른 힘듦이었다. 어쩌면 마음보다 몸이 힘든 게 더 편할지도 모른다는 생각도 한다. 성공한 사람들의 특징 중 하나는 대부분 긍정적인 성격을 갖고 있다는 것이다. 부정적인 말은 하지 않는다. 힘든 상황에 부딪쳐도 극복할 방법을 찾고 피하지 않는다. 긍정이라는 말은 하기가 쉽지, 힘든 상황에서 적용하기는 쉽지 않다. 과거에 나는 힘든 상황이 찾아오면 혼자서 모든 걸 생각하고 계속 마음에 담아뒀다. 내가 처한 현실은 너무나도 힘든데 애써 괜찮은 '척'을 하며 살아왔다. 남들의 '시선'을 살피고 있었기 때문에, 나 스스로 챙기기도 힘든데 남들 눈치까지 신경 써가며 살아왔다.

그때 느낀 게 있었다. 힘든 상황으로 인해 감정에 스트레스를 받고 있을 때 내가 아무리 애써 태연한 '척' 밝게 웃으며 넘어가려고 해도, 사실 자연스럽게 긍정적으로 넘어가는 것처럼 보여도 사실 근본적인 내면 깊숙한 곳의 상처는 전혀 치료되지 않고 있다는 것이다. 이런 나쁜 감정은 없어지는 게 아니라 계속 축적이 된다고 본다. 쌓이고 쌓이다 언제 터질지 모르는 '시한폭탄' 같은 존재다. 이런 글을 봤다. 감정 표현하는 것만으로도 장수에 도움이 된다고 말한다.

그동안 나 스스로가 무너지고 있는데 남 눈치 보고, 신경 써가며 나쁜 감정들을 계속 쌓았다. 사람마다 극복하는 방법은 다르다. 좋지 못한 상황에 처해 있을 때 힘내라는 말은 사실 큰 도움이 되지 않는다. 나쁜 감정을 생각하게 되면 내면인 마음만 아니라 외면인 얼굴에서까지 드러난다. 내게 나쁜 감정들이 들 때 아무리 표현을 안 한다고 할지라도 주변에서 알아본다.

"준혁아, 안색이 안 좋아 보인다. 무슨 일 있어?" 이런 걱정스러운 표현들이 오간다. 그래서 사람의 표정을 보면 어떤 상태인지 짐작은 할 수 있다.

나는 이런 힘든 감정을 겪는 게 고통스럽기에 자신의 힘든 상황을 극복하면서 깨달은 게 있다. 개인마다 다를 수가 있다. 하지만 나쁜 감정이 들 때 언제까지 쌓아두면서 혼자 스트레스를 받을 수는 없다. 우리가 사는 세상은 앞으로 더욱더 개인주의 세상이 될 수도 있다. 각자 사는 위치가 힘들수록 우리는 남을 신경 쓸 여유가 없어지고 있기 때문이다. 혼자서도 감정을 다스리며 극복했던 개인적인 경험에서 깨닫게 된 사실을 내세워보겠다.

사람이 살아가는 데 느끼는 감정은 2가지라고 생각한다.

첫 번째, 좋은 감정
두 번째, 나쁜 감정

이 두 가지 감정이 우리가 살아가는 데 기분을 좌지우지하게 된다. 하루에 롤러코스터처럼 우리의 심리 상태는 오락가락한다. 나쁜 감정이 들 때 혼자서 쌓아두지 말고 하루라도 표현하고 표출하는 상황을 만들어보길 바란다. 투자하는 사람들이 주로 쓰는 말 중 "달걀을 한 바구니에 담지 마라."라는 말이 있다. 나쁜 마음도 마찬가지다. 개인마다 담을 수 있는 공간은 정해져 있다. 나쁜 감정을 계속 담을 수는 없다. 언젠간 깨지게 된다. 내가 나쁜 감정을 다스리는 방법은, 정말 사소한 것 같지만 그 사소한 것으로 감정 문제가 비로소 해결되었다.

첫 번째, 나 자신을 돌아봐야 한다. 내가 어떤 성격의 사람이고 어떤 유형의 사람인지 생각해보지 못한 사람들이 있을 것이다. 외향적인 사람인지 자신이 좋아하는 것이 무엇인지, 그걸 찾는 순간이 나쁜 감정을 씻어내는 데는 효율적이다. 어렵다고 생각할 수 있지만, 우리가 살아온 시간이 있다. 결과적으로 우리가 이 글을 본다는 건 그 과정들을 이겨낸 사람들이기 때문이다. 반응을 잘 관찰해야 한다. 어떤 행동, 말 등에서 좋은 감정을 느꼈는지 다시 한번 생각해보자.

두 번째, 만약 그 감정을 찾았다면 그것을 취미로 만들어보거나 실천을 해보는 것이 중요하다. 나는 운동, 사람과의 소통, 글쓰기 등 행동을 취해야지 나쁜 감정이 다스려졌다. 아주 사소한 것도 좋다. 자신이 영화를 볼 때 행복감을 느낀다든지 노래, 음식 등 여러 사소한 것에서도 가능하다. 나쁜 감정을 담지 말고 이제 좋은 감정들을 채워넣어야 한다. 나쁜 감정은 언제 터져도 무관하지만 좋은 감정을 담는 공간은 무한정이라고 생각한다. 언제 느껴도 좋으니 말이다.

세 번째, 정말 혼자서도 다스리기 힘들 때는 주변 사람에게 도움을 요청해라. 주변 사람에게 도움을 요청하기도 힘들 때는 전문인을 찾아가서라도 다스려야 한다. 건강하게 오래 살고 싶으면 감정을 전환하는 자신만의 방법을 찾고 해소하길 바란다. 갑자기 두통이 온다든지 아무 이유 없이 찾아오는 신체 증상들, 분노, 슬픔 이런 감정에서부터 시작하는 것일지 모른다. 모든 질병은 스트레스에서부터 생겨나기 시작하고 점차 몸에 이상 신호가 생기게 된다.

따라서 어차피 우리가 인생을 살아간다면, 살아갈 수밖에 없다면 아무리 힘들어도 좀 더 희망이 가득한 세상을 살아가길 바라는 마음으로 삶을 이끌어가라는 말을 전하고 싶다. 나 역시 누구보다 행복했던 사람으로서 글을 적는 것이 아니다. 비극을 겪고 행복을 찾는 과정을 직접 경험을 해보면서 나쁜 감정이 들 때 어떻게 극복할 수 있는지 알게 되었다. 방치하게 된다면 정말 삶은 암울해질 수 있다는 걸 알 수 있었다. 완전히 통제할 수는 없다 하여도 덜어내든가 씻어내는 정도는 충분히 할 수 있다. 나쁜 감정은 노크 없이 들어오기 때문에 항상 훈련되어 있어야 한다.

주변 친구들은 해결하기 힘든 고민이 생기면 나에게 많이 털어놓는다. 나는 의견이나 대화를 할 때 사람의 목소리, 표정만 봐도 어떤 자세를 갖춰야 할지 생각보다 행동이 먼저 '반응'하는 사람이기 때문이다. 진정성 있게 들어주고 큰 위로가 될 수는 없는 건 잘 알지만, 나로 인해 그 사람이 고민을 덜어갈 수 있다는 건 확실하다. 나쁜 감정을 자신의 마음속 깊은 곳에 계속 쌓아두게 되면 화병, 우울증 등의 정신과적 질환이 생길 위험이 크다. 그래서 나는 사람들의 의견이나 갑작스레 털어놓는 고민 등을 그냥 흘려보내지는 않는다. 힘든 일, 각종 고민거리, 이런 사소한 것이라도 말이다. 그 사소한 걸 다른 이는 심각하게 느낄 수도 있어서 매사에 가식적인 사람이 되지 말고 베푸는 사람이 되자는 마음을 갖고 있다.

우리에게 오는 나쁜 감정, 좋은 감정은 긍정, 부정, 까칠함, 소심함, 자신감 등뿐만 아니라 여러 형태로 감정이 오간다. 나는 그렇다고 긍정만 추구하지 않는다. 사람이 성장하는 데 우리가 겪기 싫은 그 외 감정은 우리가 정신적, 신체적으로 한층 더 성장할 기회가 되기도 한다. 다만 나쁜 감정에 지배되어 좌절, 우울함에 빠지지 말라는 뜻이다. 이런 사소한 습관들이 우리를 더욱더 강하게 만들어준다.

사람마다 가지고 있는 성향과 성격은 다 가지각색이기 때문에 자신이 어떤 유형과 성향의 사람인지 알아가는 시간을 꼭 가져보길 바란다. 내가 어떤 사람인지 알아가는 것만큼 큰 무기는 없다. 우리가 사는 각종 전자제품, 여러 가지 물건에는 설명서가 들어 있다.

스마트폰도 다루기 위해 방법을 보고 알아가는 과정에 있어 자연스럽게 익히듯 우리 자신도 설명서를 알아가는 시간을 갖길 바란다. 과정 중 자신도 모르게 장단점들이 무엇인지 스스로 인지하고 있으면 '나쁜 감정'이 오기 전에 스스로가 미리 암시 예측 등을 할 수 있게 된다.

나는 나쁜 감정이 들 때마다 여러 가지 방안을 구상해두었지만, 그중 가장 쉽게 할 수 있는 것이 운동이다. 나쁜 감정이 들었거나 안 좋은 생각들이 몰려올 때 나 자신과 다짐을 한다.

'운동으로 나쁜 감정은 씻어내고 좋은 감정을 채우자!'

나란 사람은 열을 내야지만 활력을 찾는 사람이라는 걸 알았기 때문이다. 예를 들어 자동차가 앞으로 가기 위해서는 기름을 넣어야지만 힘을 낼 수 있듯이 나는 운동을 통해 열을 내서 다시 '좋은 감정'을 채우는 습관을 들였다. 자신이 좋아하는 취미, 스스로 극복하는 방법을 알아도 습관을 무시할 수는 없다. 습관이 되어 있지 않으면 결국 나쁜 감정을 씻어내는 의미가 없다. 나쁜 감정을 피할 수 없으면 맞서 극복하길 바란다.

06

주저하지 마라,
두려워하지 말고
나아가라

이제 막 운동을 시작하는 사람들은 초심의 마음가짐이 변하게 되는 경우가 많다. 나태함, 힘듦, 고통 등을 겪는다. 운동을 시작하기에 앞서 겁부터 먹게 된다. 작심삼일이라는 말이 괜히 있는 게 아니다.

'시작에 앞서 두려움을 느끼고 있는가?' 우리가 새로운 도전을 시작하는 데 있어 행동으로 실천하는 과정에는 힘이 많이 들어간다. 새해 다짐이나 목표를 정하지만 '나는 안 되는가 보다.' 하고 자신의 한계를 짓게만든다. 지금까지 살아오면서 자연스럽게 몸에 습관들이 자리를 잡았을 것이다. 지금 삶 속에 새로운 변화를 주게 되면 사실 거부 반응이 일어난다. 생각과 행동이 따로 움직인다. 생각은 계획을 실행하기 위해 움직여야 하는 건 알지만, 나의 몸이 생각한 바를 행동으로 옮기는 일이 쉽지 않았다. 내가 말한 새로운 변화는 환경이다. 즉 여러 부류의 사람들이 있겠지만 직장인을 예로 들지만 우리는 매일 출퇴근을 반복한다. 퇴근하게 되면 따라오는 생각은 '얼른 집에 가서 쉬고 싶다, 스트레스 받는데 술이나 마실까?' 누구나 겪는 직장인들의 고충들이다. 월요병부터 시작해서 화, 수, 목, 금까지 항상 따라온다.

우리가 살아온 패턴에서 틀을 깨트리기는 정말 힘들다는 것이다. 운동을 좋아하는 사람도 있지만 대부분 필요성을 못 느끼거나 하기에 앞서 몹시 힘들고, 고통스럽다고 생각한다. 무언가를 얻기 위해서는 항상 대가를 치러야 한다. 운동을 시작해도 첫 마음가짐과 다르게 변화가 금세 오지 않거나 힘듦, 근육통, 다음 날 피로 등으로 금방 지친다. 시작하고 싶은 사람들은 우선 재미를 붙여야 한다. 대다수 직장인은 피로가 누적된 상태에서 운동을 시작하게 된다. 퇴근 후 힐링이 아닌 두 번째 고통으로 받아들인다. 이런 생각이면 안 하는 것보다 못하다. 대부분 이런 생각을 가지고 운동하는 사람들은 쉽게 포기하는 걸 봐왔다. 우리는 건강을 목적으로 운동을 하는데 이런 생각이면 원하는 목표 때문에 겪는 스트레스보다 과정에서 더 많은 스트레스를 받게 될 것이다.

정주영 회장 관련 어록 중 이런 말이 들이 있다. "모든 일에서 가능하다고 생각하고 가능한 목표를 위해 노력하는 사람만이 성취할 수 있다." 창업에 관련된 어록이지만, 나는 이 어록을 일상생활 속에도 충분히 적용할 수 있다고 생각한다. 운동으로 대입하자면 몸을 만들기 위해서는 식단과 꾸준한 시간 등이 소요된다. 우리는 체중 감량, 근량 증가 등이 가능하다고 생각해야 한다. 할 수 있다는 생각은 우리에게 자신감과 목표를 달성하는 성취감을 얻게 해준다. 여기서 말한 성취감을 오랫동안 지속해서 느끼게 하려면 사소한 것부터 성취하며 이루어야 한다.

누구나 한 번쯤 다들 원하는 소원이 이루어지는 상상을 해봤을 것이다. 바로 자신의 다이어트를 성공한 모습, 건강하고 군살 없는 건강한 몸매 등 소망을 하게 된다. 하지만 헬스장을 꾸준하게 다녀보면 운동선수도 준비하는 데 수많은 시간과 노력을 들인다는 것을 알게 된다. 하지만 대부분 여름만 되면 급격히 사람들이 많이 증가한다. 그리고 나는 절반 이상이 포기한다는 걸 예측할 수 있다. 수년간 헬스장을 다니면서 느꼈던 건 계절마다 사람들의 패턴이 달라지는 것이다. 예상대로 겨울이 되면 헬스장 회원들의 수는 급격하게 줄어들었다. 나는 이를 통해서 우리는 짧은 시간 안에 무언가를 성취하고 싶은 욕심과 욕망이 가득하다는 걸 알 수 있었다. 그러기에 쉽게 성과를 발휘하지 못해 지치고 포기하기도 한다.

나는 군 시절에도 운동을 즐겼다. 환경 자체도 운동할 수밖에 없는 환경이다. 아침마다 기상 후 뜀걸음으로 하루가 시작되는 수많은 다양한 사람이 모여 있는 집단이다. 분명 운동을 싫어하는 사람도 있을 것이고 아니면 즐겼던 사람도 있다. 하지만 뭐든 자기 의지와 상관없이 무조건 할 수밖에 없는 환경이다. 그렇지만 사회에 나오면 아무리 매일 해왔던 운동도 안 하게 된다. 이건 자기 의지가 없어서다. 우리는 환경이 나를 바꾸게 한다는 걸 알 수가 있다. 하지만 나 자신의 의지가 약하면 쉽게 포기하고 지친다는 것이다.

그럼 '어떻게 꾸준하게 유지할 수 있는 비결이 있을까?'라고 생각하는 사람들도 있다. 시작하는 데 있어 사실 온갖 부정적인 상태가 많이 따라온다. 기상 후에도 우리에게는 더 자고 싶다는 생각들이 우리 몸을 게으르고 피곤하게 만든다.

여기서 문제는 어차피 우리는 일어나서 움직여야 한다는 것이다. '두려움과 나태함'은 우리의 가장 큰 적이다. 아침의 습관은 우리의 하루를 정한다는 말을 들어봤을 것이다. 근본적으로 운동으로 건강한 몸을 만들고자 다짐은 했지만 우리는 사소한 것을 놓치고 있었다는 것이다.

여기서 말한 주저하지 않고 꾸준하게 목표를 이루는 비결은 사실 다른 거 없다. 우리의 생각과 어차피 해야 한다면 긍정 마인드를 장착하자는 것이다. 디테일하게 들어가면 우리의 하루의 시작은 기상이다. 상쾌한 아침을 맞이해야 에너지가 넘칠 텐데, 아침에 일어나 기지개를 피는 시간도 없이 우리는 정신없이 아침을 맞이한다. 뇌가 휴식을 취하고 적응할 시간을 주어야 한다.

하루를 아침에 물 한잔 할 수 있는 여유, 스트레칭으로 열기 바라며 더불어 상쾌한 공기를 마시며 기분 좋게 하루를 시작하길 바란다.

우리는 누구보다 부지런하게 바쁘게 살고 있다. 어릴 적부터 초등학교, 중학교 의무교육을 받으면서 부지런하게 하루를 시작했다. 꾸준한 습관을 들이기 위해서는 환경을 만들어주어야 한다. 건강을 목적으로 하는 사람이라면 지금부터 시작해야 한다. 우리가 하루를 보내는 24시간 중 조금이라도 자신의 건강에 투자하자. 몸의 이상 신호는 우리도 모르게 찾아온다. 모든 만병의 원인이 스트레스라고 하듯이 우리가 할 수 있는 최선의 환경을 만들어야 한다.

우리는 주저할 시간이 없다. 성인이 된 후부터 의무가 아닌 자신의 인생을 스스로 개척해야 한다. 그 과정에서 분명 여러 시행착오를 겪게 될 것이고 주저하고 때로는 포기하고 싶은 마음이 들 때도 있다. 여러 가지 온갖 부정적인 생각들이 떠오를 것이다.

UFC 선수 중 배관공 시절에서 두 체급 챔피언에 올랐었던 '코너 맥그리거' 선수를 보며 마인드 면에서 배웠던 게 있다. 인터뷰 영상 중 이런 말을 했다. "만약 우리가 목표를 갈망하고 우리의 열정을 진심으로 좇는다면 어떠한 역경과 고난에 상관없이 집중하고 최선을 다하고 시간을 투자한다면 당신은 성공할 것이다." 이 말을 듣고 많이 공감했다.

배관공 시절에서부터 온갖 고생을 하며 부모님에게 인정을 받지 못하고 목표를 향해 계속해서 꾸준하게 나아갔다. 코너 맥그리거는 평범한 배관공에서 자신이 원하는 목표에 한계를 정하지 않고 과감하게 도전했기 때문에 그에게 닥친 고난을 이겨낼 수 있었다. 나도 항상 원하는 목표를 이루고자 코너 맥그리거처럼 주저하지 않고 과감하게 점차 원하는 목표를 향해 나아가겠다는 다짐을 했다.

운동을 통해 다이어트에 성공한 사람들과 실패한 여러 사람을 봐왔다. 보면서 확연하게 드러났던 차이가 마인드에서 나왔다.

다이어트를 실패한 사람들은 우선 시작에서부터 부정적인 태도를 취하고 있음을 볼 수 있다. '힘들다'는 생각을 하고 임한다. 그리고 운동을 끝내고 집에 와서는 오늘은 고생했으니 '치킨은 단백질이니 괜찮지 않을까? 오늘 고생했으니 맥주 한 캔만 먹어야겠다.'라는 태도를 보였다.

반면 성공한 사람들을 봤을 때 긍정적인 태도를 볼 수 있다. '힘들어도 끝까지 해보자. 할 수 있다.' 이런 신념이 강했다. 그리고 집에 와서는 자신이 운동한 것이 다시 수포가 된다는 걸 알기에 식단까지 절제한다. 항상 꾸준함이 따른다. 성공적인 모습을 상상하며 결과적으로 성취감을 얻는다.

여러 사람과 같이 운동하면서 다이어트를 성공한 사람들과 실패한 사람들의 차이가 궁금해서 근본적인 문제가 무엇인가 찾아봤다. 그런데 여기서 차이가 났다. 나 역시 운동을 시작하게 되면서 다이어트에 성공했을 때와 실패했을 때가 있었다.

나는 성공과 실패를 둘 다 경험해봤다. 성공과 실패의 마인드를 알고 있다. 거의 매일 운동하는 습관이 들은 나에게도 주저하고 싶은 생각이 들 때도 있다.

아침에 일어나서 '오늘은 꼭 러닝하고 근력운동을 할 거야.' 마음을 먹는다. 그리고 점차 시간이 지나고 나면 '오늘 하루는 쉴까? 하루쯤이야, 뭐 괜찮겠지, 내일부터 열심히 해야겠다.' 이런 생각을 나도 모르게 하게 되고 악마의 속삭임을 참지 못하고 포기하는 경우가 대다수다.

처음 시작했을 때 마음가짐은 언제 그랬냐는 듯 사라진다. 그만큼 꾸준하게 하는 것이 중요하다.

운동을 꾸준히 하다 보면 취미가 되고 취미를 통해 건강과 성취감을 얻게 된다. 운동을 좋아하지만, 사람인지라 쉬고 싶은 날도 있었고 주저할 때도 있었다. 하지만 괜찮다. 그럴 수도 있다. 대신 포기만 하지 않으면 된다. 단기간에 성취하는 것도 좋지만, '건강'은 평생 따라간다. 아무리 돈이 많아도 몸과 마음의 건강이 받쳐주지 않으면 삶이 의미 없다. 그러니 꾸준하게 오랫동안 운동하는 습관을 만들자.

우리의 하루 중 시작에 앞서 자꾸 악마의 속삭임이 나를 주저하게 하고 나태하게 만들려고 해도 우리는 이성을 잃지 말고 냉정한 태도를 유지해야 한다. '나는 할 수 있다!', '목표를 끝까지 이룬다!' 자신과의 싸움에서 패배하게 될 때 의지대로 살아가는 것과 멀어지게 된다. 운동도 마찬가지로 나 자신과의 싸움이다. 근육을 만들고 다이어트할 때는 결국 우리의 의지와 생각이 중요하다. 사람마다 체질은 다를 뿐 안 된다는 걱정과 두려움을 다 제치고 나가야 한다. '성공'이란 성취감을 얻을 것인가? 아니면 '실패'에 빠져 변하지 않는 하루를 보낼 것인가? 어떤 선택에 놓여 있든 주도권은 항상 우리 자신에게 있다.

07

스스로 갇혀 있던
한계의 두려움을
극복하라

　운동하는 사람 대부분 누구에게나 슬럼프는 찾아온다. 처음에 다들 시작하기에 앞서 이번 연도는 꼭 몸을 만들겠다고 계획을 세우고 헬스장에 등록한다. 헬스를 하면서 지켜보니 길면 3개월 아니면 작심삼일만에 포기하게 된다. 나도 운동을 하다 보면 하기 싫을 때도 있고 내려놓고 싶을 때도 많았다. 처음에는 근육량이 별로 없기에 큰 효과가 없을 것이다. 운동 효과가 나타나려면 3~6개월 정도 꾸준히 했을 때 눈에 띄게는 아니더라도 윤곽이나 근육 크기가 전보다는 좋아지는 게 보인다. 하지만 그 이후로 변화나 성과가 나지 않으면 슬럼프도 찾아올 수 있다. 아무리 해도 그 슬럼프 기간이 찾아오면 점차 게을러지기 시작한다. 야근으로 인해 피곤함이 몰려오면, 평소에는 열정적으로 운동을 하다가 이런 생각이 들 때도 있다. '오늘 하루는 쉬어야겠다.' 대부분 처음 운동을 시작할 때 초반에는 열정적으로 열심히 나간다. 그러다 점차 시간이 지날수록 방문 빈도수는 줄어들며 포기하는 경우를 많이 봤다.

아놀드 슈왈제네거는 "당신이 무언가를 이루고자 한다면 죽도록 노력해야 한다."라는 말을 했다. 정말 크게 와닿은 명언이었다. 과거를 보면 스무 살이 되었을 때, 최연소 보디빌더로 우승했다고 한다. 여기서 가장 크게 감명받은 점은 보디빌더로 성공하겠다는 분명한 목적이 있었다는 것이다. 목적이 뚜렷하지 않으면 아마 중간에 포기했을 것이다. 그는 대학에 다니면서도 매일 5시간씩 운동을 했다고 한다. 1분도 시간을 헛되이 보내지 않은 것이다. 열정적이고 꾸준한 습관은 정말 본받고 싶을 정도다. 1시간이 넘어가면 피로도가 몰려오는데 5시간씩 운동만 하는 게 아니라 여러 가지를 병행하면서 할 수 있는 체력과 정신력을 높게 산다.

나는 나태해지거나 포기하고 싶다는 생각들이 들면, 유튜브를 통해 동기 부여, 마인드에 대한 영상들을 즐겨본다. 보게 되면 여러 사연과 세계적인 인물들에 대해 잘 설명해준다. 보면서 항상 느낀 점은 성공자들의 과거에는 아픈 사연들이 있었다는 것이다. 남들이 봤을 때는 '어떻게 저런 상황에서 한계를 극복할 수 있을까?'라는 생각이 들 정도로 시련이 많았다. 그렇지만 항상 자신이 이루고 하자는 목표를 명확하게 가지고 있다는 점도 발견했다.

이런 성공자들의 마인드를 보면 더 열심히 살아야겠다는 동기 부여를 받고 힘이 되었다. 다시 굳게 마음가짐을 잡고 나아가는 데 큰 도움이 되었다.

어릴 때부터 유일하게 꾸준하게 해왔던 게 있다면 운동이었다. 지금도 하고 있다. 오랫동안 해오면서 나의 몸에 변화된 것이 있다. 근력운동을 통해 기초대사량이 증가하다 보니 살이 찌지도 빠지지도 않는 균형 잡힌 체질로 바뀌게 된 것이다. 나는 운동을 할 때 최대한 편한 마음으로 했다. 처음 하는 사람은 운동에 큰 부담감을 느낀다. 매일 가야 한다는 집착과 하루라도 빨리 변화가 되는 것을 원하기도 한다. 나는 당장은 보이지는 않더라도 기간이라는 집착 없이 우리가 일상 속 TV, 스마트폰을 하듯이 꾸준하게 나아갔다. 일이 생겨 헬스장에 못 가게 되면 다음 날이라도 가면 된다. 선수를 하기 위해서는 지금과는 비교도 하지 못할 정도로 운동해야 하지만, 일반인들은 보통 체중 감량, 적당한 근육량을 원하기 때문에 꾸준하게 운동을 하다 보면 좋은 결과가 나타날 것이다. 시작에 있어 우리의 생각이 계속 나태하게 만드는 것이다. 본업에 충실하듯이 그냥 나아가자.

그 꾸준하게 해온 운동마저 나는 평생 못 하게 될 수 있었다. 어느 날 친구가 나의 다리를 보더니 내가 미처 알지 못했던 질병을 알게 해주었다. 언제부터 생겼는지도 크게 인지하지 못했는데 친구가 발견했다.

"준혁아, 너 하지정맥 아니야? 혈관이 너무 많이 튀어나온 거 같은데, 너 이거 병원 가봐야 할 것 같은데? 치료 안 하고 방치하다가 심하면 절단까지 해야 한다."

이렇게 심각성을 강조했다. 나는 처음에는 그냥 운동해서 혈관이 나온 게 아닐까 생각했다. 하지만 그러기에는 혈관이 불규칙하게 나와 있었다. 친구의 지인분이 하지정맥에 걸렸던 적이 있어서 알 수 있었다고 한다. 생활하는 데 있어 크게 아프다고 생각한 적도 없었고 운동이나 일상생활에는 지장이 없었다. 언제부터 생겼는지도 크게 인지하지 못했는데 친구가 발견해줬다. 20대에 하지정맥에 걸리기는 쉽지 않다고 하여 크게 위험을 느끼지는 못했다. 한번 검색해서 알아보니 간편하게 주사 시술로도 해결할 수 있다고 해서 한번 시간 내서 병원에 갔다. 진단을 받고 나서 의사가 했던 말이 생각난다.

"지금 생각보다 심각한데, 지금 상태는 주사로는 안 되고 수술해야 한다. 지금 보니깐 양쪽 다 문제 있다."

나는 오른쪽 다리만 그런 줄 알았는데, 왼쪽 다리도 치료해야 한다고 했다. 사실 간단하게 치료를 받고 끝나는 줄 알고 갔는데 전신마취 동의서까지 작성해야 했다. 이미 시술 단계는 넘어간 것이다. 원인이 뭔지 물어봤는데 보통 노화, 운동 부족, 오랫동안 서서 일하는 직업 등 원인은 다양하다고 했다. 보통 20대에는 생기기 쉽지 않은 질병이라고 했다. 집안 내력도 없는데 걸렸다는 것에 의문이 갔다. 내 생각에는 어릴 적부터 기계를 다루고 오랫동안 서서 일하면서 작업을 하다 보니 영향을 받은 것 같다. 다리에 쉴 틈 없이 무리를 주었기 때문이지 않을까 싶다. 정확한 원인은 의사도 모른다고 했다. 무엇보다 걱정되었던 것은 바디 프로필 촬영을 하기 위해 체지방 한 자리 숫자까지 만들어 놓았던 상태였다. 하필 이런 상황에 일이 터진 것이다. 수술은 당장 해야 하는 상황이라 어쩔 수 없이 포기할 수밖에 없었다.

"수술 후 완치되면 앞으로 하체운동은 하면 안 되는 건가요?"

수술하게 되면 완전히 회복하는 데 2~3개월 정도는 걸린다고 했다. 수술해야 한다는 소식에 너무 마음이 무거웠다. 병원 비용으로만 400만 원이 나왔다. 양쪽을 수술해야 한다 해서 예상치 못하는 지출이 발생하게 되었다. 예전에 금융 공부를 알려줬던 보험설계사분이 "우리가 살아가는 데 있어 본인 몸을 위해서라도 기본적인 보험은 들어야 한다."라고 해서 내가 항상 인생의 예상치 못한 일을 대비해서 가입했던 보험이 도움이 되었다. 다행히 치료 목적으로 보험 적용이 가능했던 부분이라 90% 이상은 돌려받을 수 있었다.

이전에도 그라인더 사건 사고가 있었기에, 수술은 처음이 아니다 보니 처음 겪었던 심정보다는 차분해졌다. 혼자 병원에 들어가 2시간 정도 수술을 받고 당일 퇴원을 하게 되었는데 걷는 데 지장이 갈 정도로 통증이 심했다. 집에 어떻게 가야 하나 싶었다. 소식을 들은 동네 친구들이 찾아와서 도와줬다. 지금 생각해보면 수술 끝나고 절면서 걷고 있었는데 점심도 함께 먹고 집까지 데려다줘서 다행히 무리하지 않고 편하게 휴식을 할 수 있었다. 동네 친구들에게 다시 한번 고맙다는 말을 전하고 싶다. 나는 수술로 인해서 공들인 노력은 무너졌지만, 항상 자신을 믿었다. '다시 회복하고 시작하면 되지.'라는 마음이다. 이미 시작을 해봤고 두려움을 극복한 사람은 처음과 다르게 두 번째는 유연하게 대처하게 되었다. 하지만 우리 몸에 찾아오는 건강 이상은 누구도 예측할 수 없다. 우리의 건강의 적신호는 그냥 무시하면 안 된다. 나이와 상관 없이 조금이라도 몸에 이상 신호가 오면 '그냥 시간이 알아서 해결해주겠지.'라고 무시하며 지나치지 말자.

2~3개월이 지나 상태가 많이 호전되었다. 하지정맥에 걸렸을 때 외관상 문제였지 크게 통증이나 불편함은 없어서 수술 후 확연한 차이는 못

느꼈다. 하지만 그래도 다시 일상생활을 하는 데 지장이 없다는 것에 감사했다. 그 후로 재활 운동하면서 서서히 나아졌다.

삶을 살아가다 보면 언제나 한계를 마주할 때도 있고 포기하고 싶고 두려울 때도 많다. 살아가면서 인생의 정답을 찾지는 못했다. 하지만 우리는 어릴 때부터 두려움을 극복하면서 성장을 해왔다. 어릴 때, 나는 겁이 많던 아이였다.

처음 자전거를 배울 때는 보조 바퀴가 있어야 탈 수 있었다. 나를 지탱해주는 보조 바퀴가 없으면 나아가지를 못했다. 앞으로 더 나아가기 위해 열심히 페달을 밟는다. 하지만 보조 바퀴가 나를 지켜주는 대신 나아가는 데 한계를 짓는다. 지금보다 더 나아가려면 두려움과 위험을 감수해야 한다.

나는 더욱 나아가고 싶어서 보조 바퀴를 떼고 도전을 했다. 처음에는 넘어지기도 했다. 하지만 다시 일어서서 도전했다. 넘어져도 계속 시도를 했다. 처음에는 두려움을 느꼈으나 시간이 지나 익숙해지면서 두려움은 어느새 사라지고 한계를 이겨낼 수 있었다.

나는 자신 있게 나아간다. 해보지 않고는 우리는 알 수는 없는 것이다. 나아가야 발전을 할 수 있었다. 세상에 나아가기 위해서는 두려움이 크기 때문이다. 우리는 어릴 때부터 계속해서 두려움을 극복하면서 성장하고 있었다. 앞으로 나아가긴 해도 이제 자기 앞으로 가는 길은 스스로 개척해야 한다. 인생의 좌표를 어디에 찍느냐에 따라 목적지가 사막이 될 수도 있고 오아시스가 될 수 있다. 우리의 모험은 오아시스를 찾아 떠나는 여행이다. 더 나아가면 우리가 경험하지 못한 수많은 일이 기다리고 있다. 하지만 사막 같은 뜨거움에 안주하게 되면 우리는 언제나 고통스럽고 답답한 심정만 가득차 있는 삶을 살게 될 것이다.

'실패하면 어때, 다시 일어나면 되지!'

누구나 한계에 처하면 다른 이들과 마찬가지로 두렵다. 하지만 한계에 머물러 있으면 두려움 속에 감춰진 불안함이 우리를 따라온다. 그러기에 두려워도 우리는 새로운 도전을 한다. 나아간다. 나아가야지만 더욱더 빛나는 세상이 우릴 밝혀줄 거라고 믿기 때문이다.

당신은 한계에서 멈출 것인가? 두려움을 극복할 것인가?